DES
AVANTAGES ATTRIBUÉS A LA BONNE FOI

RELATIVEMENT AUX BIENS

EN DROIT CIVIL

THÈSE POUR LE DOCTORAT

L'ACTE PUBLIC SUR LES MATIÈRES CI-DESSUS

sera soutenu le Mardi 18 Avril 1899 à huit heures et demie.

PAR

JULES WERTHEIMER

Avocat à la Cour d'Appel

Président :   M. WEISS, *professeur.*
Suffragants { MM. LAINÉ, *professeur.*
      PIÉDELIÈVRE, *agrégé.*

PARIS

V. GIARD & E. BRIÈRE

LIBRAIRES-ÉDITEURS

16, Rue Soufflot, 16

—

1899

THÈSE

POUR

LE DOCTORAT

DES
AVANTAGES ATTRIBUÉS A LA BONNE FOI

RELATIVEMENT AUX BIENS

EN DROIT CIVIL

THÈSE POUR LE DOCTORAT

L'ACTE PUBLIC SUR LES MATIÈRES CI-DESSUS
sera soutenu le Mardi 18 Avril 1899 à huit heures et demie.

PAR

JULES WERTHEIMER

Président : M. WEISS, *professeur.*
Suffragants { MM. LAINÉ, *professeur.*
PIÉDELIÈVRE, *agrégé.*

PARIS
V. GIARD & E. BRIÈRE
LIBRAIRES-ÉDITEURS
16, Rue Soufflot, 16

1899

A MES PARENTS

A MES MAITRES

A MES AMIS

PRÉFACE

De tous temps, les législations des peuples civili-
sés se sont préoccupées de tenir compte, dans les
rapports sociaux, de la bonne foi, de la protéger, de
l'encourager même au besoin.

Il s'agit là cependant d'un élément purement
moral, d'un des ces éléments, voulons-nous dire,
qui servent de cadre et de soutiens à une législation
plutôt qu'ils n'en font partie, à proprement parler.
Mais s'il est vrai que le droit est distinct de la morale,
et que même le premier n'est pas seulement la partie de la seconde ; qu'il s'agit là de domaines différents qui ne se confondent point dans leur étendue ;
c'est néanmoins exprimer une banalité que de dire,
que les règles de l'un sont basées le plus souvent
sur les préceptes de l'autre.

A mesure que les peuples atteignent un plus
haut degré de culture, la bonne foi paraît jouer un
rôle de plus en plus grand dans les relations des
hommes, et le législateur lui offre plus largement
l'hospitalité dans ses codes. Est-ce à dire que, sur
ce point, son œuvre soit parfaite, dès maintenant,
dans nos lois ?

Admettre l'affirmative serait de notre part faire preuve, tout au moins, d'une certaine imprudence, et exprimer une confiance peut-être trop grande dans la perfection de l'état actuel de nos mœurs.

Sans pouvoir prévoir l'avenir on peut affirmer néanmoins, presque avec certitude, que nos législations s'ouvriront de plus en plus largement à l'élément de la bonne foi. Estimer le contraire serait exprimer une pensée pessimiste sur l'avenir de nos races et sur le développement continu de nos civilisations.

Si, comme on l'a dit, les peuples ont les gouvernements qu'ils méritent, il est encore plus vrai de dire à notre sens, étant donnée l'organisation de nos systèmes politiques, qu'ils ont aussi les lois qu'ils méritent.

A l'âge où nous sommes nous espérons encore qu'ils mériteront dans l'avenir des lois où l'équité naturelle et la bonne foi trouveront une place de plus en plus large.

Nous espérons garder longtemps encore cet espoir qu'ont fortifié pendant plusieurs années, les leçons de nos maîtres vénérés.

En dévoilant ainsi la pensée qui nous a guidé dans notre étude nous espérons qu'on se montrera plus indulgent pour nos défaillances et que l'on voudra bien mettre en regard la difficulté du sujet traité et l'inexpérience de l'auteur.

J. W.

INTRODUCTION

1. Le titre que nous avons donné à notre travail indique que nous avons dû faire subir à notre sujet des limitations importantes.

Traiter de la bonne foi en général, en tant que nos lois en tiennent compte, serait une étude bien capable de tenter un juriste qui serait doublé d'un philosophe. Avons-nous besoin de dire que tel ne pouvait être l'objet du travail que nous présentons.

Outre que nous sommes loin de réunir les deux qualités que nous estimons utiles pour mener à bien une pareille entreprise, il est évident, d'autre part, que nous ne pouvions pas excéder certaines limites, et qu'il nous a fallu nous résigner à traiter le sujet dans quelques-unes de ses parties seulement.

Le législateur en effet a tenu compte de l'élément de la bonne foi dans toutes les parties de son œuvre, aussi bien en matière civile, qu'en matières commerciale ou criminelle. Toutes les branches du droit, sans exception, contiennent des dispositions relatives à la bonne foi, ou tout au moins tiennent compte implicitement de cet important facteur moral.

Nous avons cru devoir limiter notre travail au seul droit civil, et restant sur ce terrain seulement, notre champ d'études nous a paru encore tellement vaste que nous nous sommes limités à la législation des biens sans toucher à celle des personnes.

2. En nous résignant ainsi à restreindre notre champ d'études, nous avons eu tout au moins la consolation de pouvoir espérer que notre travail gagnerait peut-être en précision ce qu'il perdrait en étendue. Nous avons pensé aussi qu'en étudiant la bonne foi dans quelques-unes seulement de ses manifestations juridiques, prises dans un même ordre de faits, et en groupant ces manifestations, nous pourrions peut-être dégager plus facilement des vues d'ensemble et des idées générales sur la matière. Hâtons-nous d'ajouter que le terrain sur lequel nous nous sommes placés pour étudier la bonne foi est à la fois celui qui en présente les manifestations les plus nettes et les plus solidement étayées par les textes, et aussi celui sur lequel les controverses juridiques se sont donné le plus librement carrière.

3. Une fois notre sujet ainsi délimité nous nous sommes trouvés en présence de difficultés d'un autre genre.

Le terrain de la bonne foi civile qui, on pourrait le croire, devrait être aussi celui de la bonne harmonie, s'est présenté au contraire à nous comme l'un

des champs les plus ravagés par les combats juridiques qui s'y sont livrés et qui s'y livrent encore.
Et ce qui augmentait la difficulté de notre entreprise, c'était que les auteurs les plus éminents semblent s'être évertués à faire assaut de science et de
perspicacité juridiques pour soutenir les opinions
les plus opposées. Que peut valoir notre humble
avis en pareille compagnie? Il ne pouvait donc nous
venir à l'idée un seul instant de vouloir trancher
dans cette étude des difficultés qui ont paru insolu-
bles à ceux que nous considérons comme nos
maîtres.

Est-ce à dire qué nous n'avons pas manifesté dans
le cours de notre travail nos préférences pour tel ou
tel des systèmes en présence dans une controverse?
Le juriste, même inhabile, ne reste jamais indiffé-
rent en face des difficultés de cette espèce, et sa
raison l'entraîne fatalement, ou à défaut son senti-
ment, sur l'une des deux voies qui lui sont ouvertes.
On nous saura gré, cependant, nous l'espérons,
d'avoir été, en face des autorités éminentes qui se
sont présentées dans le débat, d'une prudence et
d'une modestie que l'on voudra bien croire sincères.

4. Mais s'il ne nous appartenait pas de résoudre
toutes les difficultés que présente le sujet, notre but
n'était pas non plus de nous borner à une étude
purement objective des textes et des controverses
auxquelles ces textes ont donné naissance. Une telle
étude ne nous aurait pas pleinement satisfait,

S'il est vrai, en effet, que les textes relatifs à la bonne foi ont été étudiés et scrutés en tous sens par les auteurs, il n'est pas moins exact qu'aucun de ceux-ci n'a encore présenté un travail d'ensemble sur la matière.

Ils se bornent généralement à étudier le texte en lui-même, à le commenter, à le discuter, à la place où ils le rencontrent dans le titre du Code civil qui fait l'objet de leurs recherches. Sans doute ils comparent des textes appartenant à des titres différents et relatifs à la bonne foi ; sans doute ils cherchent, par ces comparaisons, à dégager des idées d'ensemble. Mais il n'en est pas moins vrai que nous n'avons trouvé dans l'œuvre d'aucun d'entre eux une étude générale, une théorie en un mot de la bonne foi légale du Code civil en matière de biens.

5. Ce phénomène, quelqu'étonnant qu'il soit, s'explique peut-être par des considérations que nous indiquons ici en quelques mots et que nous développerons plus loin, et qui tiennent précisément, à notre avis, au manque d'unité de conception dans les dispositions du Code civil relatives à la bonne foi.

Le législateur, en effet, semble avoir résolu les difficultés qui se présentaient en cette matière, pour ainsi dire, suivant les besoins du moment, c'est-à-dire du titre du Code qu'il était en train d'élaborer, sans se préoccuper d'apporter, en ce qui concerne la bonne foi, cet esprit d'unité qui le distingue pourtant souvent dans d'autres parties de son œuvre. C'est ainsi, pour ne citer qu'un exemple que les articles 550 et 2265, qui sont cependant des plus importants, donnent lieu à des difficultés d'interprétation sur le rôle du juste titre, qu'un peu de prévoyance du législateur aurait peut-être facilement évitées. Si, pour l'acquisition de certains droits, l'élément de la bonne foi paraît avoir été considéré comme un facteur principal et décisif, pour d'autres droits au contraire il ne paraît jouer le rôle que d'un facteur accessoire ou tout au moins complémentaire. Si bien que celui qui étudie la bonne foi légale du Code civil se trouve embarrassé, dès le début de son œuvre, nous voulons dire dès qu'il s'agit pour lui de donner la définition de cette bonne foi légale, définition qu'il ne peut manquer de tenter d'esquisser au début même de son travail.

6. Mais, nous dira-t-on, si de pareils obstacles ont arrêté peut-être des auteurs éminents, il ne nous appartient pas à nous de tenter d'esquisser une théorie générale de la bonne foi légale. Nous ne nous sommes pas dissimulé les difficultés que nous devions rencontrer dans notre entreprise. Nous aurions cru cependant ne pas avoir traité complètement notre sujet si nous n'avions pas fait précéder notre étude des avantages attribués à la bonne foi dans le Code civil, de vues d'ensemble sur la matière, et si nous n'avions pas tenté de trouver un fil conducteur pour nous guider dans le reste de notre travail.

C'est ainsi tout d'abord que nous nous sommes proposé de chercher une définition de la bonne foi légale qui fut assez compréhensive pour pouvoir contenir toutes les hypothèses que nous avons prévues par la suite, que nous avons étudié ensuite les éléments constitutifs de cette bonne foi, et le rôle plus ou moins important que joue chacun de ses éléments tour à tour aux yeux du législateur. Ce qui nous a permis, au début même, d'étudier et de discuter un certain nombre de théories et de controverses qui gagnent, à notre avis, à être examinées d'un seul coup d'œil.

7. Il ressortira clairement de cette première étude que le législateur a favorisé d'une façon particulière le possesseur de bonne foi. Ainsi que nous l'avons déjà fait remarquer, il est certain que dans de nombreuses dispositions du Code civil le législateur a tenu compte, au moins implicitement, de la question de bonne ou de mauvaise foi ; mais c'est surtout en matière de possession immobilière qu'il attache à l'état de bonne foi chez le possesseur des avantages importants et positifs. Si bien que l'étude des avantages attachés à la bonne foi dans le Code civil se réduit presque à l'étude des avantages attachés à la possession de bonne foi. Est-ce à dire que nous bornerons nos recherches à la seule possession ? Tout en faisant de celle-ci la base de notre travail, comme les textes d'ailleurs nous autorisent à le faire, nous aurons à faire mention incidemment, d'autres avantages attribués à la bonne foi par le législateur dans d'autres titres que ceux relatifs à la possession immobilière. C'est ainsi que nous aurons à nous demander si, en matière de possession mobilière le législateur a tenu compte de la bonne foi ; ou encore si certaines prescriptions de la loi, telle que l'article 2268 par exemple, n'ont pas un caractère général et ne sont pas applicables en toutes matières civiles ? En un mot la bonne foi en matière de possession immobilière formera le fond même de notre sujet et servira de base de comparaison pour les autres avantages attribués à la bonne foi dans nos lois.

8. La première partie de notre travail sera consacrée à cette étude générale de la bonne foi légale dans ses éléments constitutifs, dans ses avantages, et dans sa preuve. Devons-nous l'avouer ? Cette première partie est celle qui a mis le plus durement à l'épreuve nos qualités bien faibles de jurisconsulte ; ce sera celle aussi qui, sans doute, portera le plus fortement la trace de notre inexpérience.

Mais pourquoi n'avouerions-nous pas aussi que cette partie de notre œuvre est celle qui nous a séduit le plus vivement par sa nouveauté d'abord ; puis par son caractère plus élevé et plus général, en tant qu'elle cherche à synthétiser des éléments épars jusqu'alors.

9. Dans une deuxième partie nous avons étudié un à un et en détails chacun des avantages que la loi accorde au possesseur de biens immobiliers qui est de bonne foi. Nous avons terminé cette deuxième partie par une étude des actions qui servent à la protection des droits du possesseur de bonne foi.

Pour bien faire nous aurions peut-être dû intervertir l'ordre de ces deux parties de notre travail, et placer l'analyse détaillée des textes avant l'exposé de la théorie générale. Nous n'avons cependant pas cru devoir présenter notre travail dans cet ordre. Mais est-ce à dire que ce n'est point ainsi que nous avons approfondi notre sujet ? Il faudrait être étranger à toute idée de méthode pour en douter un seul instant, et le plan que nous avons adopté dans le présent travail est précisément l'inverse de celui que nous avons suivi dans nos recherches. Mais il nous a paru préférable de placer en tête les vues d'ensemble sur la matière parce qu'elles devaient précéder logiquement l'étude proprement dite des avantages en eux-mêmes.

Avant d'étudier la chose, il faut la définir exactement, la distinguer des autres choses semblables, la caractériser en un mot nettement.

La deuxième partie contient donc une étude détaillée des avantages que le législateur accorde au possesseur de bonne foi. Pour cette étude, nous avons suivi l'ordre des textes sans nous inquiéter de les classer par ordre d'importance.

En effet, comme dans notre première partie nous

avions examiné concurremment ces divers effets de la bonne foi pour en dégager une théorie générale, 'il nous importait peu, par la suite, de donner tel ou tel rang à tel ou tel de ces effets.

PREMIÈRE PARTIE

ESSAI D'UNE THÉORIE GÉNÉRALE DE LA BONNE FOI LÉGALE RELATIVEMENT AUX BIENS

10. Cette première partie sera divisée en trois chapitres.

Le *premier* sera consacré à des notions historiques et à l'étude des éléments constitutifs de la bonne foi en général.

Le *deuxième* à l'étude de la bonne foi en matière de possession immobilière.

Le *troisième* à la détermination des personnes qui sont susceptibles d'invoquer leur bonne foi pour en retirer quelque avantage, et à la preuve de la bonne foi.

L'étude de ces diverses questions que nous avons groupées sous ces trois chapitres nous conduira naturellement à l'étude des avantages attribués à la bonne foi, considérés en eux-mêmes, qui fait l'objet de notre deuxième partie.

CHAPITRE PREMIER

NOTIONS HISTORIQUES. — DÉFINITION DE LA BONNE FOI.
SES ÉLÉMENTS CONSTITUTIFS

Section I. — Notions historiques.

11. Avant d'étudier la bonne foi, en tant qu'elle produit des effets dans nos lois civiles, il est utile et même indispensable de rechercher quelle part d'influence lui avaient faite les législations qui ont précédé la nôtre.

Sans doute, ces notions historiques sur la bonne foi pourraient à elles seules donner matière à une étude de longue haleine, et les jurisconsultes qui se sont occupés de la question ont trouvé en elles un vaste champ d'explorations. Nous nous proposons, nous, simplement, ici, d'indiquer d'une façon abrégée autant que modeste le résultat de leurs travaux en ce qui concerne les législations qui ont donné naissance à nos lois civiles, nous voulons parler du Droit romain et du Droit coutumier.

Chemin faisant, dans le cours de notre travail,

nous aurons à rappeler souvent les origines d'une disposition ou d'une controverse, ou à nous appuyer sur l'autorité de la tradition. Il est donc utile de présenter un aperçu général des solutions qui étaient données dans les lois anciennes ou les coutumes relativement à la bonne foi. Ce tableau, très général, se complètera de lui-même, et petit à petit, par la suite de nos développements.

12. Lorsqu'il s'agit d'établir une théorie et d'en rechercher les origines, l'interprète se tourne plus volontiers du côté de la législation romaine, où l'on est à peu près sûr de trouver un ensemble de règles et de décisions empreintes des caractères de la logique la plus pure.

Est-ce à dire cependant que nous trouvons, en matière de bonne foi, en droit romain, une théorie véritablement digne de ce nom, un ensemble de déductions parfaitement concordantes ? Il n'en est malheureusement rien et des quelques solutions que nous indiquerons, les unes présentent un caractère de véritable authenticité, tandis que les autres ne sont que des conclusions déduites par les interprètes modernes de textes qui statuent sur des points de fait. C'est dire que ces dernières sont l'objet de controverses et ne peuvent par conséquent servir de base à des principes certains. En Droit ancien, le phénomène se complique encore de diverses influences qui agissent sur les dispositions des lois relatives à la bonne foi d'une manière plus puissante qu'en toute autre matière civile. Nous voulons parler ici principalement de l'influence du droit canon, qui devait forcément être prépondérante sur des dispositions qui sont presque des règles de morale.

§ 1. — *De la bonne foi en Droit romain.*

13. A. — *Notions générales.*

Ainsi que nous nous efforcerons de le montrer par la suite de nos explications, la bonne foi a toujours pour *cause*, pour origine, une erreur, provenant du fait de celui qui se dit de bonne foi. A ce sujet, les jurisconsultes romains distinguaient l'erreur de fait de l'erreur de droit quant aux effets qu'elles pouvaient produire. Deux principes qui semblent absolus au premier abord, avaient été posés : 1° *Error juris nocet, error facti non nocet* (1) ; 2° *Nemo legem ignorare censetur* (2) ; et cependant d'autres textes nous montrent l'erreur de droit comme une cause d'excuse en distinguant entre le cas de *damnum emergens* et celui de *lucrum cessans* : *Juris ignorantia non potest adquirere volentibus, suum vero petentibus non nocet* (3).

L'éminent interprète des lois romaines. M. de Savigny, a démontré, avec sa science et sa sagacité ordinaires, que la règle était bien que l'erreur de fait

____

1. Fg. 9. D. 22, 6.
2. L. 12 C. 1, 18.
3. Fg. 7 *de juris et facti ignor.* D. 22, 6.

seule était excusable en principe et pouvait servir de base à la bonne foi ; que d'autre part l'erreur de droit ne pouvait être invoquée que par certains incapables tels que les femmes, les mineurs de 25 ans, les paysans ou illettrés, enfin par les soldats. Quant aux textes qui semblent établir une distinction entre le cas de *lucrum cessans* et celui de *damnum emergens* en permettant dans ce dernier cas à celui qui va subir le dommage d'invoquer une erreur de droit pour baser sa bonne foi, ces textes ne seraient, dit M. de Savigny, que la constatation écrite de la pratique courante des décisions judiciaires.

Or, dans le cas de *damnum emergens* l'erreur de droit produisait, aux yeux du juge, un effet analogue à celui de la bonne foi, effet produit non point par l'erreur proprement dite, mais bien par l'application du principe que nul ne pouvait s'enrichir aux dépens d'autrui sans cause légitime. La théorie romaine de la distinction entre l'erreur de fait et l'erreur de droit, la première seule pouvant servir de base à la bonne foi reste donc entière, conformément au principe énoncé au fragment 9 que nous avons rapporté plus haut. Nous aurons à constater plus loin que, de l'avis de la majorité des auteurs, le législateur du Code civil n'a pas admis la distinction romaine, et a établi en principe que l'erreur de droit comme l'erreur de fait pouvait fonder la bonne foi.

14. En ce qui concerne le moment où cessait la bonne foi, il était généralement admis que la *litis* *contestatio* ne suffisait point à faire cesser la bonne foi du défendeur. Il en était autrement cependant si, dès ce moment, les preuves du demandeur paraissaient décisives. Les jurisconsultes ne sont d'ailleurs pas d'accord sur le point de savoir s'il faut placer la cessation de la bonne foi dès la *pronunciatio* du juge (1) ou seulement lors de la *contumacia*, c'est-à-dire lors de la résistance à l'ordre du juge.

15. B. — *Principaux effets de la bonne foi.*

En Droit romain la bonne foi produisait ses principaux effets à l'égard du possesseur, dit de bonne foi, savoir pour l'acquisition des fruits, et pour l'usucapion et la prescription, et à l'égard du constructeur de bonne foi. Il en est de même dans nos lois civiles.

16. 1° *Acquisition des fruits.*

Le possesseur qui avait juste titre et bonne foi faisait les fruits siens.

On distinguait les *fruits* proprement dits des *produits* ; les premiers seuls étaient acquis au possesseur de bonne foi, mais ils lui étaient acquis qu'ils fussent *naturels, industriels* ou *civils.* Primitivement il est vrai, les fruits industriels seuls devenaient sa propriété (2).

Les fruits étaient acquis par la simple séparation ; la bonne foi était exigée au jour de la séparation.

1. Pellat. *De la propriété* (sur le titre 1, livre 6 D) ad. fg. 17.
2. Fg. 45. D. *de usuris*, 22, 1.

On est généralement d'accord pour admettre qu'à l'époque classique le possesseur de bonne foi faisait les fruits siens jusqu'à la *litis contestatio*, sans qu'on fît alors aucune distinction entre les fruits consommés et les fruits non consommés (1). Postérieurement, à l'époque de Dioclétien ou à celle de Valentinien, ce point fait l'objet de controverses entre les jurisconsultes, et l'on distingue entre les fruits consommés et les fruits existants, qui étaient sujets à restitution (2).

Les commentateurs ne sont pas d'accord non plus sur le fondement juridique du droit du possesseur de bonne foi sur les fruits. La nature de notre travail nous empêche d'entrer dans les détails de la controverse ; nous nous bornons à l'indiquer.

Le possesseur de bonne foi, qui n'avait pas le juste titre, jouissait d'une simple faveur ; celle de ne pouvoir subir aucune perte pour les fruits qu'il aurait négligé de percevoir.

17 2° *Usucapion et prescription.*

En matière d'usucapion le principe, dès l'origine de cette institution, était que la bonne foi était indispensable.

Pour l'usucapion même on appliquait avec plus de rigueur le principe que l'erreur de fait seul pouvait servir de base à la bonne foi. Chose curieuse, cependant, et digne de remarque, l'erreur sur la

1. Accarias, t. I p. 565.
2. Fg. 35. Inst. II, 1.

capacité du *tradens* était excusable et pouvait fonder la bonne foi. La bonne foi était considérée comme tellement indispensable à la réalisation de l'usucapion qu'un texte célèbre de Pomponius (1) nous montre la propriété refusée à un possesseur qui s'imagine à tort que la loi lui défend l'usucapion. Les interprètes ont relevé cependant quelques exceptions à cette règle qui paraît au premier abord être inflexible, mais les textes cités ne sont pas décisifs, et le principe subsiste néanmoins.

En matière d'usucapion la bonne foi devait être jointe au juste titre, *justa causa*. La bonne foi était présumée ; il appartenait au possesseur au contraire détablir l'existence de la *justa causa*. Les mêmes principes ont été consacrés par le législateur du Code civil.

Le titre putatif était considéré comme suffisant dans certaines hypothèses, par exemple lorsque le *tradens* était lui-même de bonne foi (2), lorsque l'erreur portait sur le fait d'autrui. Mais il n'y a pas sur ce point de théorie bien ferme et les interprètes sont loin d'être d'accord. Le titre *pro suo* par exemple pouvait servir à qualifier toute espèce de possession qui n'était pas absolument injustifiée.

En ce qui concerne le moment où devait exister la bonne foi, elle était exigée en principe au seul moment de la tradition. Quelques exceptions à cette

1. Fg. 32 § 2 *D. de usurp. et usucap* (41, 3).
2. Fgs. 3 et 4 § 2 *pro. suo.* D. (41, 10) ; fg. 48 de *usurp* D. (41, 3).

règle concernant la vente, dans laquelle on exigeait la bonne foi de l'acheteur au moment du contrat et au jour de la tradition, et concernant les actes à titre gratuit dans lesquels on exigeait une bonne foi persistante, furent supprimées par Justinien (1).

18. Mais à côté de l'usucapion du *jus civile* s'éleva une institution jumelle, celle de la *præscriptio longi temporis*. Nous n'avons pas à entrer ici dans les détails sur les origines, fort curieuses d'ailleurs, et les conditions d'application de la prescription romaine. Il nous importe simplement de savoir que la prescription s'accomplissait par 10 ou 20 ans en cas de bonne foi du possesseur, suivant qu'elle avait lieu *inter presentes* ou *inter absentes*. On sait que sous Justinien l'usucapion et la prescription se confondirent en une seule et même institution qui a passé dans nos lois.

19. 3° *Constructeur de bonne foi.*

Dans le cas où le tiers possesseur et constructeur était évincé par le véritable propriétaire, ce dernier avait le choix, s'il y avait bonne foi, de rembourser soit la dépense, soit le plus-value que le fonds avait acquise du fait des constructions. Ce résultat était obtenu à l'aide de l'exception de dol insérée dans la formule de la revendication.

Mais si la possession était perdue, le possesseur de bonne foi n'avait pas d'action, et il ne conservait

1. Première Cons. *de Usuc.* transf. 7, 31.

dans ce cas que le droit de réclamer ses matériaux au cas de démolition de la construction (1).

A l'origine le constructeur de mauvaise foi n'avait droit à aucune réclamation d'aucune espèce. Plus tard on l'autorisa à enlever ses matériaux au cas de destruction de la construction, sous la condition de prouver qu'il n'avait pas agi *animo donandi*. Ulpien décide aussi qu'il peut enlever ses matériaux tant qu'il possède pourvu que le fonds ne subisse aucune détérioration (2).

§ 2. — *De la bonne foi en droit ancien.*

20, — Les principes énoncés par les jurisconsultes romains devaient survivre à la chute de l'Empire. Ils restent sous l'ancien droit, et dans le nôtre même, la base des dispositions de la loi relativement à la bonne foi. Est-ce à dire que dans le cours des siècles ils ne subirent aucune modification, aucune atteinte ? — Ils subirent au contraire les effets de l'influence puissante du droit canon, influence qui se fit particulièrement sentir dans les matières qui touchaient de près aux règles de la morale.

Depuis Constantin jusqu'à Grégoire IX l'influence de l'Eglise augmente constamment ; en politique, elle soulève les peuples dans les Croisades, et elle abaisse les rois ; en philosophie elle domine par-

1. Gaius L. 7 § 12, *de acq. rer. dom.* XLI. 1.
2. Ulpien L. 37, *de rei Vend.*

tout. A la faveur de cette puissance son droit enva-
hit le domaine du droit civil d'une façon inquiétante
en même temps que moralisante. Saint Louis s'atta-
cha particulièrement à faire pénétrer dans le domaine de la bonne foi les prescriptions du droit
canonique.

La législation romaine sur la bonne foi heurtait
principalement certains textes du droit canon relatifs au péché. Du choc des deux législations devait
sortir, quant à la bonne foi, un droit mixte dont les
lois romaines restèrent néanmoins la base.

21. Le principe, en matière de droit canon, était
qu'il fallait éviter le péché. Il en résultait qu'on
ne faisait aucune distinction entre l'erreur de droit
et l'erreur de fait, pourvu qu'il y eut bonne foi.
Les difficultés qui naissaient en droit romain du
fait de cette distinction étaient par là même supprimées. Il en résultait aussi que la bonne foi suffisait
pour la prescription indépendamment du juste
titre 1).

Seulement si la bonne foi et le juste titre coexis-
taient chez le possesseur la prescription s'accomplissait par dix et vingt ans ; tandis que si la bonne
foi existait seule, sans le juste titre, le temps requis
était de trente ans. Allant plus loin encore, Alexan-
dre III, Innocent II, Grégoire IX, Boniface VIII dans
leurs décrétales et le Concile de Latran (1205),
introduisirent la règle que la bonne foi devait per-

1. *Corp. jur. can. I causa* 16 q. 3, c 15 § 1.

sister pendant toute la durée de la prescription, même lorsqu'il s'agissait de la prescription de trente ans (1).

22. Des discussions subtiles s'élevèrent entre les juristes sur l'appréciation du péché. On finit par admettre que le *doute* n'était pas la mauvaise foi. Un ancien auteur, Dunod de Charnage, dit à ce sujet « que si l'on estimait que le doute simple est « un obstacle à la prescription, ce serait ôter ce « moyen d'acquérir aux personnes avisées et pru- « dentes et leur laisser moins d'avantages qu'à « celles qui, toujours pleines de confiance, ne dou- « tent de rien ». Quelque subtil et ingénieux que soit l'argument invoqué par cet auteur en faveur du doute, cette théorie a été rejetée, et à bon droit, ce nous semble, par le législateur moderne. On voit par ce seul exemple combien la subtilité des casuistes avait à cette époque dénaturé les véri- tables principes.

23. Quoi qu'il en soit des différents systèmes qui furent proposés par les interprètes pour mettre les principes classiques sur la bonne foi d'accord avec les prescriptions de l'Eglise, quelque intéressantes qu'aient été les controverses sur la matière que nous rapportent Dunod et Merlin, il nous faut nous borner ici à indiquer d'une façon abrégée les solutions qui intervinrent dans la pratique.

1. *Corp. jur. can. de praesc.* (2. 26, c. 5, 20, X).

C'est surtout en matière de prescription que ces solutions furent diverses et controversées. Avant le xiiie siècle les courtes prescriptions dominent (1). A cette époque, Beaumanoir, dans sa Coutume de Beauvoisis, fixait le délai nécessaire pour la prescription à dix années de possession publique, paisible, *accompagnée du juste titre et de la bonne foi*. Au xve siècle le grand Coutumier de Charles VI nous déclare formellement « Possesseur de male foy ne « prescript ne usucapit en nul temps pour le vice « de male foy qu'il a. » C'est donc à cette époque l'établissement définitif du principe que la bonne foi est obligatoire même dans les longues prescriptions.

Au xvie siècle la prescription acquisitive par une possession, prolongée pendant vingt ans entre présents et dix ans entre absents, fut admise par le plus grand nombre des Coutumes (2). C'était l'ancienne prescription organisée par le droit romain pour les fonds provinciaux et étendue par Justinien à tous les immeubles de l'Empire. Cette prescription de dix et vingt ans supposait le juste titre et la bonne foi (3). Nous savons déjà que, contrairement aux principes du droit romain, la bonne foi devait persister pendant tout le temps requis pour la prescription (4). Celle-ci ne courait ni contre les mi-

1. *Chartes des communes de Troyes*, Pontoise et St. Quentin.
2. Art. 113, *Coutume de Paris*.
3. D'Argentré, *Sur la coutume de Bretagne*, art. 266 ; Dunod, part, I. Ch. VIII, p. 48.
4. Merlin, *Prescription*, sect. I, § 5, art. 4.

neurs de vingt-cinq ans, ni contre les biens appartenant aux églises et communautés et au domaine de la Couronne, ni contre les droits seigneuriaux (1). Elle avait pour effet de faire acquérir au possesseur l'immeuble franc et quitte de toutes charges, rentes, hypothèques ou autres.

La prescription trentenaire fut introduite en France au XIIIe siècle (2). Au XVIe siècle presque toutes les Coutumes l'admettent ; celles d'Orléans et du Berry l'admettent même à l'exclusion de toute autre. Nous savons déjà que la bonne foi était exigée pour la prescription de trente ans sans toutefois que le titre le fût. A l'égard du titre, d'ailleurs, la preuve contraire était admise.

24. En matière de prescription acquisitive la bonne foi était toujours présumée, et c'était au propriétaire revendiquant à faire la preuve de la mauvaise foi. Cette preuve il ne pouvait la faire en cas de prescription libératoire.

Certaines coutumes différaient sur la durée de la prescription avec juste titre et bonne foi. Les unes, comme celles d'Artois, de Cambrai et de Valenciennes, exigeaient vingt ans dans tous les cas ; d'autres, comme celle de Bayonne, par exemple, n'exigeaient que sept ans ou moins. Le *tènement de cinq ans* était une prescription particulière aux Coutumes d'Anjou, du Maine, de Tours et du Lodu-

1. *Coutume de Paris*, art. 114 et 124.
2. Beaumanoir, *Coutume de Beauvoisis*, chap. XXIV, n° 4

nois. Elle libérait le fonds des charges qui pesaient sur lui. Elle exigeait chez l'acquéreur le juste titre et la bonne foi.

25. En résumé, la jurisprudence de l'ancien droit finit par se fixer de la façon suivante : pour les prescriptions de dix et vingt ans les règles du droit canon continuèrent à être appliquées dans toute leur rigueur. Pour les prescriptions de trente ans, on excluait la mauvaise foi plutôt qu'on exigeait la bonne foi, car de l'absence du titre résultait en réalité une absence de bonne foi, les deux choses étant intimement liées. La mauvaise foi pouvait être prouvée, fort difficilement d'ailleurs. Les Coutumes du Midi, par contre, sont toujours restées fidèles à la pure théorie du droit romain que Domat et Pothier proclamèrent d'ailleurs dans leurs œuvres.

26. La bonne foi fut appelée à jouer aussi un rôle important en matière mobilière.C'est ainsi que, dès le XIII⁰ siècle, nous voyons que celui qui revendique un meuble volé ou perdu contre un possesseur ayant juste titre et bonne foi, doit indemniser ce possesseur, notamment celui qui avait acheté la chose dans un marché public (1).

A partir du XVI⁰ siècle les pays de droit écrit et quelques Coutumes, celles de Melun, d'Amiens et de Sedan notamment, admirent la prescription trien-

1. Beaumanoir, chap. XXXIV, n⁰ 4 ; *Etablissements de St-Louis*, Liv. II, chap. VIII.

nale des meuble du droit de Justinien. Cette prescription exigeait la bonne foi et le juste titre. Il est vrai que l'on dispensait le possesseur de la production du titre. Nous exposerons plus loin et dans leurs détails, les péripéties par lesquelles passa la possession des meubles pour aboutir à la disposition de notre article 2279 du Code civil.

27. En ce qui concerne l'acquisition des fruits par le possesseur de bonne foi, la règle romaine, qui exigeait une bonne foi continue, concordait avec les prescriptions du droit canon, et ne subit de ce fait aucune modification.

Tels sont, en résumé, les renseignemnets historiques qu'il nous a semblé nécessaire de faire connaître avant d'étudier l'œuvre du législateur moderne sur la bonne foi. S'il est vrai de dire que les principes établis par le droit romain et le droit ancien sont restés ceux dont il s'est inspiré dans son œuvre, il nous sera cependant facile de constater, par la suite, qu'il n'a pas suivi en tous points la voie que ses devanciers lui avaient tracée. L'histoire nous servira aussi, étant donnée la brièveté des textes que nous aurons à commenter, à compléter souvent ces mêmes textes en induisant des institutions anciennes et de la tradition aux institutions modernes. Le présent, en législation, est fait surtout du passé.

Qu'on nous pardonne simplement la brièveté des notions historiques qui précèdent : ainsi que nous l'avons déjà fait observer elles se complèteront au cours de nos explications sur la bonne foi du Code civil.

Section II. — Définition de la bonne foi.

28. *Omnis definitio periculosa,* dit un vieil adage. Jamais nous n'en avons mieux senti la profonde vérité. Toutes les fois qu'il s'agit dans une matière de droit de donner une définition, dit avec raison Troplong, le juriste devrait avoir présente à l'esprit la réponse que fit saint Augustin à quelqu'un qui lui demandait de définir le temps : « Quid sit tempus si « nemo quærat a me, scio ; si quis interrogat, « nescio. » « Lorsque personne ne me demande ce « que c'est que le temps, je le sais ; si on me le « demande, je ne le sais plus. » Or la bonne foi, comme le temps, évoque une idée très large, et par cela même difficile à préciser pour celui qui cherche à la définir.

Dans le langage courant, on dit que quelqu'un agit avec « *bonne foi* », lorsqu'il agit avec loyauté, sans arrière-pensée de tromperie ou de dol ; on peut même simplement *être de bonne foi,* c'est-à-dire, avoir un état d'âme latent, exempt de tout esprit de fraude. La bonne foi donc au sens large, philosophique, mondain pour ainsi dire, désigne un simple état d'esprit conforme à des préceptes de morale.

29. Avons-nous besoin de dire que cette première définition n'a rien de juridique. Le législateur, en effet, n'a à s'occuper dans son œuvre des états d'âme qu'autant qu'ils produisent des effets sociaux, ce qui implique toujours une *action* chez le possesseur de l'état d'âme, action destinée à réfléchir sur la situation d'un ou de plusieurs de ses semblables. Un second motif nous fait écarter cette première définition, pour n'être pas juridique : c'est qu'elle ne s'appuie sur aucun texte. Or, c'est la *bonne foi légale* que nous cherchons à définir ici, or, des textes existent qui traitent de la bonne foi, et qui, sans en donner une définition proprement dite, lui font produire des effets lorsqu'elle se présente dans des conditions que le législateur détermine. C'est, en un mot, de la bonne foi telle qu'il la conçoit, que le législateur tient uniquement compte ; c'est celle d'ailleurs qui sera seule l'objet de nos recherches.

29 *bis*. Est-ce à dire que, cette première distinction faite, la question que nous nous posons ici, qui est celle de rechercher les éléments qui composent la bonne foi légale, soit facilement résolue ? Est-ce à dire que l'examen des textes anciens et nouveaux, ou l'étude des auteurs qui ont écrit sur la matière, vont nous tirer facilement d'embarras et nous permettre de résoudre la question sans plus de peine ? Bien au contraire les textes viennent apporter la complication là où la simplicité devrait régner, et les auteurs sont loin d'être d'accord dès le début même de leurs travaux. Il nous faut donc chercher maintenant une définition qui, d'une part, soit assez précise pour ne s'appliquer qu'à l'objet que nous voulons définir, et qui, d'autre part, soit assez large pour pouvoir comprendre dans ses termes les aspects divers sous lesquels le législateur a considéré la bonne foi dans son œuvre.

30. Si nous examinons avec attention les cas où la bonne foi produit un effet légal, il est évident qu'elle suppose toujours une *erreur* de la part de celui qui est de bonne foi. Primus se met en possession d'un immeuble qu'il *croit* avoir légitimement acquis. Il agit évidemment par erreur, dans la fausse croyance qu'il est qu'il possède réellement le droit qu'il exerce. On l'a dit avant nous : « La bonne foi est à l'erreur ce que l'effet est à la cause (1) ». Donc pas de bonne foi sans erreur.

31. Mais la réciproque de cette proposition est-elle toujours exacte ? Il serait imprudent de le croire. Si l'on ne peut en effet concevoir la bonne foi sans une erreur qui lui sert en quelque sorte de base; on peut concevoir, au contraire, qu'il y ait erreur sans qu'il y ait bonne foi. Un exemple éclaircira notre pensée. Primus se met en possession d'un héritage en croyant qu'il n'a aucun titre; or il se trouve qu'à son insu, il a un titre, parfaitement valable d'ailleurs. Il est clair que dans ce cas, Primus a commis

____

1. Le Sellyer, tome I, n° **144**.

une erreur et qu'il est cependant de mauvaise foi.

Cette première proposition nettement établie que la bonne foi suppose toujours une erreur, nous aurons à rechercher par la suite dans quelles conditions le législateur a cru tenir compte de l'erreur, et quelles sont les erreurs qu'il a cru devoir prendre en considération. Mais dès à présent nous avons une première base certaine pour fonder une définition de la bonne foi légale, d'autant que nous nous bornons pour le moment, nous le rappelons encore, à chercher une définition qui soit suffisamment compréhensive pour pouvoir convenir à toutes les hypothèses que nous examinerons dans le cours de notre étude.

32. En se plaçant sur le terrain très large que nous avons adopté, on a cru devoir donner de la bonne foi légale la définition suivante : c'est, dit M. Vallet (1), « *un état d'âme tel que l'on s'imagine à* « *tort avoir un droit qui n'existe pas en réalité* ». Cette première définition nous satisfait pleinement par la nature compréhensive de ses termes : en revanche elle ne répond pas complètement à l'idée que nous nous faisons de la bonne foi légale. Nous avons en effet établi, au début même de cette étude, que la bonne foi juridique ou légal, la seule dont nous nous occupions ici, doit présenter tout au moins les caractè-

_____

1. *De l'influence de la bonne foi sur la possession immobilière*, p. 10.

res qui déterminent d'une façon constante les faits juridiques.

Or un état d'âme n'a rien de légal ni de juridique en soi ; il ne réagit pas sur les relations sociales tant qu'il ne se manifeste pas à l'*extérieur* de l'individu qui le possède, par des faits tangibles rentrant dans le cadre des lois. C'est ce caractère de fait extérieur, ce caractère de *combativité* presque, oserions-nous dire, de défense tout au moins, que suppose toujours la bonne foi légale, que M. Vallet nous paraît avoir négligé d'indiquer dans la définition que nous avons rapportée. Quant à nous, pour les raisons que nous venons de déduire, nous nous permettons de proposer la définition suivante de la bonne foi légale : *La bonne foi est l'état d'esprit de celui qui se comporte vis-à-vis d'une chose ou vis-à-vis d'un autre individu, comme s'il était titulaire d'un droit, qu'il croit par erreur lui appartenir.* » Nous démontrerons, en effet, plus loin que la bonne foi a toujours le caractère d'un *fait positif*, c'est-à-dire qu'elle ne consiste pas simplement dans l'ignorance du droit d'autrui, mais dans la certitude absolue que l'on a que l'on est titulaire du droit que l'on exerce.

33. On a souvent donné en effet des définitions plus étroites de la bonne foi, et quelques auteurs la font uniquement consister précisément dans l'ignorance où l'on est du droit du tiers que l'on exerce à sa place.

Si l'on se reporte cependant aux auteurs qui ont le plus savamment traité la matière, on s'aperçoit qu'ils se sont bien gardés de faire semblable confusion.

Pothier (1) définit ainsi la bonne foi, «*Bona fides nihil aliud est quam justa opinion quaesiti dominii*. Et Voët de son côté dit : *Bona fides est illaesa conscientia putantis rem suam esse* (2). Dans ces deux définitions, la croyance de l'individu de bonne foi, qu'il est bien titulaire du droit, est nettement exigée.

34. Il n'y est pas fait mention non plus du tiers contre lequel la bonne foi est invoquée. C'est que la bonne foi ne s'apprécie pas seulement par rapport à ce tiers, mais qu'elle s'apprécie aussi soit dans les rapports du sujet de bonne foi avec la chose, soit dans les rapports avec sa contre-partie au contrat(3). Ainsi celui qui achète une chose contre la prohibition de la loi manque de bonne foi. Il est vrai que, à l'égard du tiers propriétaire, il pourra prétendre qu'il a ignoré son droit de propriété. Mais il faut décider que cette condition ne suffit pas pour qu'il y ait bonne foi ; il faut de plus la certitude que l'on est propriétaire de la chose. Or l'acheteur doit savoir que la chose ne lui appartient pas puis-

1. Pand, t. III p. 149 n° 77.
2. De Usucap, n° 6. On remarquera que ces deux définitions sont données pour la bonne foi en matière de possession immobilière. Mais nous tenons simplement à démontrer ici le caractère positif de la bonne foi ; or ce même caractère se retrouve dans toutes les matières ou la bonne foi est appelée à jouer un rôle, ainsi que nous le démontrerons par la suite.
3. Troplong, *De la Prescript*, n°s 918 et sq.

que la loi lui interdit de l'acquérir. Il ne peut donc pas se dire de bonne foi.

35. De même si le contrat intervenu entre les parties est entaché d'une nullité même relative comme celle qui résulte, par exemple, du dol ou de la violence, la bonne foi ne peut exister chez l'acquéreur. Nous établirons plus loin, qu'il faut que l'acheteur ait connu la nullité dont il s'agit, contrairement à l'opinion de certains auteurs qui n'exigent même pas dans ce cas la connaissance de la nullité chez l'acheteur pour que le résultat que nous indiquons se produise.

Supposons, par exemple, que la nullité relative dont est entaché l'acte translatif à son origine, ait été couverte par la prescription de dix ans de l'article 1304. Ce fait aura-t-il des conséquences sur la nature des rapports qui peuvent exister entre le possesseur de bonne foi et le véritable propriétaire en ce qui concerne la question de bonne ou de mauvaise foi ? Nullement. La mauvaise foi de l'acquéreur ne sera couverte que par la prescription de trente ans. En effet pour le propriétaire, l'acte translatif est une *res inter alios acta* » ; il ne recherche qu'une chose : s'il y a eu bonne foi lors de l'acquisition, et il établira qu'il n'y a pas eu bonne foi en prouvant qu'il y a eu un dol ou une violence à l'origine. Mais il ne fera cette preuve que dans le but de prouver la mauvaise foi de l'acquéreur, et seulement dans ce but, sans vouloir invoquer le bénéfice de l'action en nullité que par hypothèse, nous avons supposée prescrite.

36. A propos de la prescription de dix et vingt ans, M. Troplong (1) a donné de la bonne foi une analyse particulièrement détaillée.

Il résume ainsi les conditions constitutives de la bonne foi :

1° Ignorer qu'un autre que celui qui vous transmet la chose en est propriétaire. Il appuie cette première proposition sur un texte de Paul : « *Bonae fidei emptor esse videtur qui ignoravit eam rem alienam esse* ». (L. 109. D. de *Verb. significat.*)

2° Etre convaincu que celui qui vous la transmet avait le droit et la capacité de l'aliéner ; et il cite le texte suivant de Modestin : « *Si ab eo emas quem praetor vetuit alienare, id quod tu scias usucapere non potes.* » (L. 12. D. de *Usucap.*)

3° La recevoir par un contrat pur de fraude et de tout autre vice. *Si fraude et dolo (licet inter majores 25 annis) facta venditio est, hanc confirmare non potuit consequens tempus, cum longi temporis praescriptio in malae fidei contractibus locum non habeat.* » L. 6. C. de *praescrip. longi temp).*

37. Sans vouloir discuter les textes romains qui servent de base à ces trois propositions, nous devons déclarer que si les deux premières nous semblent d'une exactitude parfaite et être contenues implici-

---

1. *Prescription,* nᵒˢ 914 s., T. II.

tement dans la définition générale que nous avons donnée plus haut, la troisième cependant nous paraît être le résultat d'une confusion que M. Troplong fait entre le titre et la bonne foi.

M. Troplong s'étonne d'ailleurs que Pothier, dans son analyse de la bonne foi, n'ait pas fait mention de cette troisième condition. Il lui reproche même d'avoir, en l'espèce, manqué de « sagacité ». Est-ce à dire que nous allons encourir le même reproche ? Ce serait certes presque un honneur pour nous que de l'encourir en si auguste compagnie.

Mais justifions à notre tour le reproche de confusion que nous adressons à M. Troplong, avec tout le respect d'ailleurs qu'il emploie lui-même à l'égard de Pothier. La question des vices du titre est distincte de celle de la bonne foi. Nous montrerons plus loin que le titre et la bonne foi sont deux choses différentes ; qu'il peut y avoir juste titre par exemple alors qu'il n'y a pas bonne foi. Nous voulons parler ici du cas où le titre est affecté d'une nullité relative, nullité qu'a connu l'acquéreur. C'est la doctrine traditionnelle et celle que, à notre avis, le législateur a consacrée dans le Code civil. Toute la question est donc de savoir si l'acquéreur a *su* que le contrat était affecté d'un vice, et non si le contrat était, en fait, par lui-même affecté de ce vice. Il est possible qu'un pareil contrat ne puisse pas servir de juste titre, et que par conséquent les conditions exigées par la loi pour la prescription de dix et vingt ans ne soient pas remplies. Mais telle n'est pas la question que nous examinons en ce moment : nous recherchons simplement les éléments de la bonne foi ; or ces éléments ne peuvent résider bien évidemment que dans l'état d'esprit de celui qui se prétend de bonne foi. Il faudrait donc, à notre sens, au lieu de dire comme M. Troplong « la recevoir par un contrat pur de fraude », énoncer ainsi cette troisième condition : la recevoir par un contrat que l'on *croit* pur de fraude. Nous verrons plus loin les conséquences importantes que nous ferons découler de la modification que nous proposons en ce qui concerne la valeur légale du titre affecté d'une nullité relative. D'ailleurs M. Troplong commet une erreur d'interprétation, qu'a commise aussi Marcadé, relativement au texte des empereurs Dioclétien et Maximien qu'il cite à l'appui de sa troisième proposition.

Dans l'espèce dont il s'agit, en effet, on ne s'occupe pas de l'usucapion opposée à un tiers propriétaire mais uniquement des rapports du vendeur et de l'acheteur, et le rescrit se borne à décider que ce dernier n'est pas admis pour repousser l'action de *dolo* formée par le premier à se prévaloir de la prescription de dix et vingt ans.

Nous aurons à rechercher plus loin, lorsque nous traiterons du titre vicieux, s'il n'y a pas lieu de déroger encore plus gravement à la théorie de M. Tro-

---

1. V. en ce sens. Aubry et Rau, II, § 218, p. 383, texte et note 26 ; Marcadé (art. 22 65 n° 4) cependant, tout en citant le texte à tort, exige la *connaissance* des vices chez l'acquéreur,

plong et de décider qu'en matière de prescription de
dix à vingt ans la connaissance même par l'acquéreur de la nullité qui vicie le titre n'empêche pas
cet acquéreur d'invoquer les dispositions des articles 2265 et suivants.

38. Du principe que la bonne foi suppose la
croyance qu'on est titulaire du droit que l'on exerce
il s'ensuit que celui au nom duquel un mandataire
acquiert un immeuble n'en prescrira la propriété
par exemple, par dix et vingt ans, que du jour où il
sera informé de l'acquisition. Il est superflu en
effet d'établir que le fait d'être de bonne ou de mauvaise foi implique de la part de celui qui prétend
exercer un droit la connaissance tout au moins du
droit qu'il entend exercer. Or si le mandataire peut
acquérir le droit au nom du mandant instantané-
ment, le mandant par contre, ne peut se prétendre
de bonne foi que du jour où il aura connu l'acquisition (1).

39. On s'est demandé si l'on pouvait considérer
comme étant de bonne foi celui qui a simplement
des *doutes* sur la valeur de son droit. Cette matière
du *doute* a fait jadis l'objet de controverses des plus

1. Pothier, *De la Prescript*, n° 30.
2. Toute autre est la question que nous nous poserons par
la suite de l'influence de la bonne ou de la mauvaise foi du
mandataire sur la possession du mandat. Nous supposons ici
le mandataire de bonne foi.

subtiles entre les casuistes. On avait fini par admettre que le doute ne constituait pas par lui seul un possesseur en mauvaise foi : « *Non enim necesse est quod adsit bona fides, sed quod mala fides absit.* » Ces distinctions ont été définitivement rejetées de nos lois et les auteurs sont unanimes à décider aujourd'hui que la bonne foi est une croyance positive, une confiance entière dans le droit qu'on exerce.

40. Pour que la bonne foi produise des effets légaux il n'est pas nécessaire, comme nous venons de le montrer, qu'elle existe d'une façon certaine et positive dans l'esprit de celui qui vient s'en prévaloir ; il faut encore qu'elle existe d'une façon adéquate à la chose sur laquelle on prétend exercer un droit. Un exemple éclaircira cette proposition. Primus se rend acquéreur d'un fonds, mais il n'est de bonne foi que pour l'acquisition d'une partie de ce fonds. Sa bonne foi, dans ce cas, ne produira d'effets légaux que dans la mesure où elle existe par rapport au fonds, et pour le reste du fonds il sera acquéreur de mauvaise foi. La même solution, nous le savons, était déjà donnée par les jurisconsultes romains.

41. Dans les principales des dispositions du Code civil relatives aux effets de la bonne foi (art. 550, 2265), le législateur semble faire du *titre* ou *juste titre*, car les deux expressions sont employées, le complément nécessaire de la bonne foi légale. Nous examinerons en leur temps les difficultés qui s'élèvent sur la question de savoir si le juste titre est ou non indispensable dans *toutes* les hypothèses où le législateur a attribué des avantages à la bonne foi. Pour le moment il importe seulement d'examiner si le juste titre constitue ou non un des *éléments* de la bonne foi.

Il est bien évident tout d'abord que le juste titre et la bonne foi sont deux choses distinctes, que le législateur mentionne séparément et qui sont l'objet de règles différentes. Mais tout en étant deux choses distinctes, la première pourrait cependant être la partie, l'élément de la deuxième, la bonne foi. Il n'en est rien. Un exemple justifiera notre opinion. On sait déjà que lorsque le titre est sujet à nullité ou à rescision et que l'acquéreur a connaissance du vice qui l'entache, il n'a pas la bonne foi. Il manque ainsi à la troisième condition exigée par M. Troplong pour qu'il y ait bonne foi, et modifiée suivant nos principes. Or s'il est vrai qu'il ne peut y avoir juste titre lorsque la nullité est absolue, par exemple lorsqu'il s'agit d'une substitution prohibée ou d'une donation à cause de mort, nullités d'ordre public et d'intérêt général, il y a par contre juste titre lorsque la nullité n'est que relative. C'est là la doctrine de Dunod (1), généralement adoptée par les jurisconsultes modernes. Il y a donc, dans ce cas, juste titre sans qu'il y ait bonne foi, ce qui

1. V. Leroux de Bretagne, part. III, p. 88, n° 896. Dunod, *Des Prescriptions*, I, c. VIII, p. 47.

démontre que ce sont là deux choses distinctes, et
que les causes qui vicient l'une peuvent ne pas vicier
l'autre. Cette distinction est intéressante à faire au
point de vue de la preuve. Le possesseur de bonne
foi devra établir qu'il a un juste titre, mais la bonne
foi étant présumée (art. 2268), ce sera au propriétaire de faire la preuve qu'il est en état de mauvaise foi.

42. Mais dira-t-on, non sans raison. s'il est vrai
qu'il peut y avoir juste titre sans bonne foi, comment peut-on concevoir qu'il y ait bonne foi en
l'absence d'un acte quelconque translatif de propriété? On ne peut croire en effet que l'on est titulaire d'un droit que l'on n'a point *acquis*, au sens
juridique. Il faudrait se garder de faire en cette
matière une confusion que l'on n'a pas toujours évi-
tée, Dans l'ancienne jurisprudence, en effet, conformément aux principes du droit romain, on con-
fondait le juste titre avec la bonne foi, en ce sens
que le titre n'était qu'un moyen de prouver la bonne
foi du possesseur. Il en résultait que le *titre putatif*
était considéré comme suffisant, car il établissait
la bonne foi. Cette doctrine a été formellement
rejetée par le législateur moderne en ce qui concerne au moins la prescription de dix et vingt ans.
Pour l'acquisition des fruits, la question a donné
lieu à une controverse que nous examinerons par la
suite. Disons tout de suite cependant que, quelle
que soit l'opinion que l'on adopte sur l'interpréta-

tion comparée des articles 550 et 2265, le juste titre ne constitue jamais à proprement parler un élément de la bonne foi. Dans l'opinion qui exige un *juste titre réel*, même pour l'acquisition des fruits, il est certain que ce titre se distingue de la bonne foi, ainsi qu'il est facile de le voir lorsqu'il s'agit de prouver la possession de bonne foi, comme nous l'avons fait remarquer tout à l'heure. Même dans l'opinion qui admet le titre putatif pour l'acquisition des fruits, le juste titre se distingue encore de la bonne foi, car le possesseur devra établir qu'il a cru à l'existence du titre. Le titre putatif sera donc tout au plus un moyen de *prouver* la bonne foi ; ce ne sera jamais un élément de celle-ci.

Nous venons d'établir que la bonne foi avait toujours pour base une *erreur*, et d'autre part qu'elle avait toujours le caractère d'un fait positif. Il nous faut insister maintenant plus longuement sur chacun de ces deux éléments.

Section III. — De l'erreur

43. Le Droit romain avait adopté, en ce qui concerne l'erreur, la distinction entre l'erreur de fait, qui pouvait servir de base à la bonne foi, et l'erreur de droit, qui n'était pas excusable en principe. L'ancien Droit avait adopté les mêmes principes. Le législateur moderne a-t-il, à son tour, adopté la distinction traditionnelle? Nous ne le pensons pas.

Nulle part, sauf dans les deux cas que nous indiquons ci-dessous, en effet, dans les textes du Code civil qui parlent de l'erreur nous ne voyons le législateur distinguer entre l'erreur de droit et l'erreur de fait. Tout au contraire les textes semblent consacrer le principe contraire. Tout d'abord les articles 1110 et 1377, relatifs l'un à l'erreur dans les contrats et l'autre à la répétition de l'indû ne distinguent pas entre les deux genres d'erreur, et ce silence nous paraît particulièrement décisif en présence des controverses ardentes qu'avait fait naître la question dans l'ancien droit, surtout en ce qui concerne la répétition de l'indû. Il en est de même de l'article 201 relatif au mariage putatif. En revanche, dans deux cas, en matière d'aveu (art. 1356) et en matière de transaction (art. 2052), le législateur s'oppose formellement à ce que l'erreur de droit soit invoquée. Nous avons donc, d'une part, une règle générale qui est que le législateur ne fait aucune distinction entre l'erreur de droit et l'erreur de fait, et d'autre part des exceptions qui viennent confirmer cette règle (1).

44. A cette argumentation, les partisans de la distinction opposent la maxime « *Nemo legem igno-*

1. Demolombe, IX, 606, 615 ; Laurent, Principes I, nº 24, p. 62, VI, nº 218, p. 290; Aubry et Rau, I, p. 54 et s. II, p. 271, 384, texte et note 30. En sens contraire. Troplong. *Prescription* II, 926.

rare censetur », que l'on tire de l'article 1er du Code civil. Mais à supposer que cette maxime soit réellement écrite dans nos lois, ce dont nous nous permettons d'ailleurs de douter, il ne faudrait voir en elle tout au plus qu'une présomption susceptible d'être combattue par la preuve contraire. C'est dans ce sens que nous interprétons le vieil adage. Il en résulte tout au plus que la preuve de l'erreur de droit est à la charge de celui qui prétend avoir été de bonne foi. La jurisprudence a adopté en cette matière un système qui, au premier abord, semble éminemment rationnel et pratique (1). Elle distingue s'il s'agit d'une loi d'intérêt privé et de rapports entre particuliers, ou s'il y a un intérêt social en cause. Dans le premier cas l'erreur de droit peut être invoquée par celui qui se prétend de bonne foi, la preuve de l'erreur étant à sa charge. Dans le deuxième cas, l'erreur de droit portant atteinte à une prohibition d'ordre public, on ne peut s'en prévaloir pour se prétendre de bonne foi. « En ce « cas, en effet », disent MM. Aubry et Rau (2), « la « question d'acquisition des fruits est dominée par « un principe d'un ordre supérieur. En attachant « un avantage quelconque à des titres de cette « nature, on se mettrait tout au moins indirecte- « ment en opposition avec la prohibition de la

1. Paris, 10 juin 1830. (Dalloz, an mot *Paternité*, n° 311). Cassat. 11 janvier 1843, Sir. 43, 1, 149 ; Cassat, 19 nov. 1864 ; Sir. 65. 1. 18, Paris 29 Août 1834 (Dalloz au mot *disposition entrevifs*, n° 2.400) ; Rouen, 14 mai 1865, Sir. 65, 2, 268.

2. Aubry et Rau, II, p. 270, note 14.

« loi. » C'est ainsi qu'il a été jugé, en matière de substitutions prohibées, que l'institué possédant en vertu d'un titre radicalement nul ne peut alléguer sa bonne foi (1). Il a été décidé de même qu'un maire n'avait pu être de bonne foi en se rendant acquéreur de biens contrairement à la prohibition de l'article 1596 (2).

45. Malgré toute l'autorité qui s'attache aux origines de ce système, nous avouons, quant à nous, ne pas comprendre l'argumentation de MM. Aubry et Rau pour justifier le système de la jurisprudence. Nous ne voyons pas non plus pourquoi, lorsqu'il s'agit d'une loi d'intérêt général, l'erreur de droit serait moins excusable que lorsqu'il s'agit d'intérêts particuliers. Est-ce à dire que nous rejetons les décisions de la jurisprudence, que nous avons rapportées, comme contraires à la loi? Il n'en est rien ; nous les admettons au contraire, mais pour des motifs autres que ceux que l'on nous donne. Nous admettons fort bien, par exemple, que dans le cas de substitution prohibée l'institué ne puisse exciper de sa bonne foi pour acquérir les fruits. Mais c'est uniquement parce qu'il ne satisfait pas aux exigences de l'article 550 du Code civil qui réclame un juste titre et la bonne foi. Or, en l'espèce, le juste titre est nul de nullité absolue ; il ne peut donc servir de base à la possession de

1. Cassat., 30 nov. 1853, Dalloz, 1854, 1, 402.
2. V. arrêt précité du 11 janvier 1843.

bonne foi. Nous faisons le même raisonnement en ce qui concerne la prohibition de l'article 1596, et nous justifions de la même façon l'arrêt de la Cour. Point n'est donc besoin de faire intervenir ici des principes « d'un ordre supérieur » ; les principes ordinaires suffisent pour établir notre opinion.

46. En résumé nous sommes partisans de la non-distinction entre l'erreur de droit et l'erreur de fait parce que le législateur semble l'avoir proscrite. Nos adversaires sentent si bien d'ailleurs qu'ils ne peuvent aller à l'extrême de leurs déductions et appliquer l'adage *nemo legem ignorare censetur* dans toutes ses conséquences, qu'ils admettent générale-ment que, s'il n'est pas permis d'ignorer la loi, il est permis du moins de se tromper sur le fait de son application. Autrement dit l'erreur sur le sens d'une loi douteuse et controversée n'est pas exclusive de la bonne foi. De pareilles concessions ne sont-elles pas l'arrêt de mort d'un principe (1) ?

47. En ce qui concerne l'appréciation de la bonne

1. Il faut se garder de confondre la question que nous examinons en ce moment qui est celle de la nature de l'erreur qui peut servir de base à la bonne foi, avec celle de l'erreur pouvant sur le titre lui-même (titre putatif) que nous exami-nerons par la suite. Pour ceux qui estiment que le titre putatif suffit pour l'acquisition des fruits, il est évident que le sys tème de la jurisprudence ne peut plus se justifier par les rai-sons que nous avons données, et qu'il ne peut plus s'appuyer que sur la distinction proposée dont l'habileté de MM. Aubry et Rau essaie en vain de cacher le caractère arbitraire.

ou de la mauvaise foi, il résulte de ce qui précède que le juge possède, en cette matière, un pouvoir absolument souverain. Il apprécie s'il y a eu, en fait, bonne ou mauvaise foi, et l'on ne peut à cet égard tracer une règle précise. Il faut cependant poser en principe que l'erreur alléguée doit être excusable. Il en résulte que l'erreur d'appréciation du juge ne constitue en cette matière qu'un mal jugé et ne donne pas ouverture à cassation (1).

Section IV. — Du caractère de fait positif de la bonne foi.

48. Nous venons de faire observer lorsqu'il s'est agi pour nous de donner une définition de la bonne foi légale que celle-ci ne s'appréciait pas seulement par rapport au véritable propriétaire, mais aussi par rapport à la contre-partie au contrat et même par rapport à la chose qui fait l'objet du litige.

De cette constatation nous avons posé en principe que la bonne foi n'était pas seulement l'ignorance du droit d'autrui, mais bien la certitude qu'on est titulaire du droit que l'on exerce. C'est là qu'apparaît précisément le caractère de *fait positif* que présente la bonne foi dans nos lois (2). Le même carac-

1. Duranton, IV, 358 ; Demolombe, IX, 610; Aubry et Rau, II, p. 270 ; Cassat. 23 mars 1824, Sir. 25, 1, 79.

2. Troplong, *Prescription* II, 917 ; Demolombe, IX, p. 514; Taulier, II, p. 264.

tère lui était reconnu d'ailleurs par les textes du
Droit romain et par le Droit ancien. Les définitions
de Pothier et de Voët que nous avons rapportées plus
haut sont formelles à cet égard.

49. Quelle est l'importance du fait que nous signalons ici, et quelles sont ses conséquences sur la
théorie générale de la bonne foi? Pour nous en rendre compte, prenons une espèce.

Primus a acquis d'un mineur un bien qui n'appartient pas à ce mineur. Il ignore, par hypothèse,
que le bien appartient à Tertius, mais il connaît
l'incapacité du mineur et les conséquences de cette
incapacité. Primus n'a pas pu de bonne foi se
croire propriétaire ; il n'est donc pas de bonne foi
vis-à-vis de Tertius lui-même.

Les auteurs admettent cependant en majorité
qu'il faudrait décider en sens contraire si au moment
ou Tertius intente la revendication la cause de nullité avait été effacée par la ratification du mineur(1).

Cette hypothèse exceptionnelle de confirmation
mise à part, Primus, dans l'hypothèse ordinaire ne
pourrait-il pas dire : la mauvaise foi consiste à acquérir sciemment le bien d'autrui. Or, je n'ai pas
commis ce tort, puisque j'ai cru acquérir du véritable propriétaire, que j'ignorais être Tertius. Je m'ex-

---

1. Demolombe, IX, p. 515. **V**. aussi un arrêt de cassation du
5 décembre 1826 (Sir. **27, 1, 310**), qui dispose que le possesseur est dispensé de rendre les fruits le prix ayant tourné au
profit du mineur.

pose, il est vrai, à l'annulation de mon titre, mais il se peut fort bien que cette chance d'annulation ne se réalise pas. J'ai donc vis-à-vis de Tertius un véritable titre translatif de propriété, soumis à une condition résolutoire il est vrai, et la bonne foi par rapport à lui, puisque j'ignorais son droit sur la chose.

Ce raisonnement ne serait pas exact à notre sens, parce que, nous le répétons, la bonne foi ne consiste pas seulement dans l'ignorance du droit d'un autre, mais dans la croyance ferme qu'on est titulaire du droit. Telle est la théorie traditionnelle et rien ne fait prévoir dans les textes que le législateur y ait dérogé.

50. Quelques auteurs n'admettent pas d'une façon aussi absolue que nous venons de le faire, le principe du caractère positif de la bonne foi (1). Ils y dérogent en ce qui concerne la prescription de dix et vingt ans. Pour celle-ci ils admettent qu'il suffit d'une bonne foi *relative*, c'est-à-dire qui n'existe que par rapport au propriétaire revendiquant, la prescription ne devant avoir pour effet, disent-ils, que de couvrir à l'encontre de ce dernier le vice consistant en ce que l'acte translatif émane d'un autre que lui.

C'est bien là disons-nous une dérogation au prin-

1. Zachariæ, § 217, texte et note 16. V. aussi Aubry et Rau, II, § 218, p. 382 et note 24 et les auteurs cités dans cette note. *Contrà* : Troplong. Prescr. II, 926 et s. ; Taulier, 486-487.

cipe que nous avons posé d'une façon absolue, car c'est admettre que la bonne foi peut exister, en matière de prescription de dix et vingt ans, tout au moins, sans que l'*animus domini* existe d'une façon entière dans l'esprit du possesseur de bonne foi. Il ne peut en effet, se croire complètement et définitivement propriétaire puisqu'il sait que le contrat est soumis, par hypothèse, à une clause d'annulation. C'est reconnaître en un mot que l'ignorance du droit du véritable propriétaire suffit à fonder la bonne foi.

Nous reviendrons en temps et lieu à l'exposé de cette théorie, et nous la combattrons comme n'étant justifiée ni par les traditions, ni par les textes. La distinction qu'on nous propose entre la bonne foi absolue et la bonne foi relative n'est formulée nulle part.

Il nous suffit pour le moment de maintenir intégralement le principe que la bonne foi consiste dans un fait positif.

51. La solution que nous avons donnée pour le cas où l'acquéreur connaît les vices de son titre provenant de l'incapacité de sa contre-partie, doit être donnée de même, et pour les mêmes motifs, si l'acquéreur qui se prétend de bonne foi a su néanmoins que la chose ne pouvait pas faire l'objet d'une aliénation, Par exemple s'il s'agit d'un bien dotal.

Tels sont, à notre sens, les caractères généraux que présente la bonne foi dans les textes du Code civil qui lui font produire des effets. Il nous faut maintenant étudier de plus près ces textes, et examiner, si, pour qu'elle produise certains effets qu'il détermine, le législateur n'a pas exigé que la bonne foi se présente accompagnée de certaines circonstances. Mais nous tenons à faire observer que, quelles que soient les hypothèses, que nous examinerons par la suite, elles seront toutes dominées par les principes généraux que nous venons de poser.

CHAPITRE II

DE LA BONNE FOI EN MATIÈRE DE POSSESSION IMMOBILIÈRE.

DE LA NÉCESSITÉ DU TITRE.

DE LA NATURE DU TITRE. — DES VICES DU TITRE.

Section I. — De la nécessité du titre.

52. *Art. 549. Le simple possesseur ne fait les fruits siens que dans le cas où il possède de bonne foi : dans le cas contraire, il est tenu de rendre les produits avec la chose au propriétaire qui la revendique.*

Art. 550. Le possesseur est de bonne foi quand il possède comme propriétaire, en vertu d'un titre translatif de propriété dont il ignore les vices.

Il cesse d'être de bonne foi du moment où ces vices lui sont connus.

Art. 2265. Celui qui acquiert de bonne foi et par juste titre un immeuble, en prescrit la propriété par dix ans, si le véritable propriétaire habite dans le ressort de la Cour d'appel dans l'étendue de laquelle l'immeuble est situé ; et par vingt ans s'il est domicilié hors dudit ressort.

De l'examen des textes qui précèdent il ressort clairement qu'en matière de possession immobilière de bonne foi le législateur fait marcher de pair l'exigence d'un juste titre et celle de la bonne foi. Mais comment, nous dira-t-on, pourrait-il en être autrement puisque la bonne foi consiste précisément dans l'ignorance des vices qui affectent le titre ? Sans doute, comme nous l'avons fait remarquer déjà, il faut pour pouvoir se prétendre de bonne foi invoquer une cause d'acquisition quelconque. Mais l'erreur peut porter sur l'existence du titre lui-même. Un exemple pour préciser ce dernier point. Un légataire s'est mis en possession de la chose qui lui a été léguée. Or, un testament postérieur, découvert par la suite, avait révoqué le legs à son insu. Il y a bien là une erreur qui porte sur l'existence même du titre. C'est précisément dans les cas analogues que l'on dit qu'il y a *titre putatif*, c'est-à-dire, un titre qui n'a existé que dans la pensée de celui qui se prétend possesseur de bonne foi. Quels sont les rapports qui unissent le titre à la bonne foi dans la pensée du législateur en matière de possession immobilière ; quelles sont les causes qui font que dans les textes les deux choses semblent former un même tout, telle est la question que nous avons à examiner maintenant. Hâtons-nous d'ajouter que nous pénétrons ainsi dans une

— 55 —

des matières où les commentateurs se sont livrés
les plus rudes assauts.

53. Nous trouvons tout d'abord dans l'article 550
une véritable définition du possesseur de bonne foi.
C'est celui, nous dit ce texte « qui possède comme
propriétaire en vertu d'un titre translatif de propriétés dont il ignore les vices ». A s'en tenir aux
termes de ce texte, il semble bien qu'aucune difficulté ne peut s'élever sur son interprétation. Le
possesseur de bonne foi est celui qui réunit les deux
conditions qu'exige la loi, savoir : un titre translatif de propriété, et la croyance dans la validité de
ce titre.

La controverse naît de la rédaction de l'article
2265 comparée à celle de l'article 550. Le premier
de ces textes viendrait dans une certaine mesure
infirmer la définition cependant si nette que nous
avons rapportée. Que dit l'article 2265 ? « *Celui qui
acquiert de bonne foi et par juste titre un immeuble en
prescrit la propriété par dix ans....* » Et l'article 2267
ajoute cette disposition qui va devenir un argument
pour l'une des deux thèses en présence : « *Le titre
nul par défaut de forme ne peut servir de base à la
prescription de dix et vingt ans.*

54. A première vue, à la seule lecture des textes,
on remarque la différence de rédaction. Tandis que
dans l'article 550, en effet, le législateur considère
le juste titre comme un simple élément, ou plutôt

comme un moyen d'établir la bonne foi (1), dans l'article 2265 par contre il fait entre le titre et la bonne foi une distinction très nette, en exigeant cumulativement mais séparément ces deux éléments pour la prescription de dix et vingt ans. Et cependant dans l'une et l'autre des deux dispositions, il s'agit d'un possesseur de bonne foi.

Le législateur a-t-il voulu réellement créer une distinction entre le cas où il s'agit d'acquérir les fruits, cas dans lequel il se serait montré, en somme, moins exigeant, et celui où il s'agit de la prescription de dix et vingt ans ? Ou bien, les termes différant seulement, ne faut-il voir dans ces deux espèces qu'une seule et unique conception de la bonne foi en matière de possession immobilière ? C'est là la controverse que nous signalons ici.

55. Montrons-en immédiatement l'intérêt. Si l'on admet que dans l'article 550 le législateur n'a vu dans le titre, qu'un élément de la bonne foi, un moyen de preuve de celle-ci, on en arrive à décider que le titre même inexistant ou frappé d'une nullité absolue et le titre putatif, c'est-à-dire celui qui existe seulement dans l'esprit du possesseur, suffisent pour lui faire acquérir les fruits. La loi n'exigerait en somme dans ce cas qu'une bonne foi suffisamment plausible, et l'on en vient fatalement à décider dans ce système, que même s'il n'y a pas de titre du tout le vœu de la loi sera satisfait

1. Aubry et Rau, II, p. 270.

pourvu que le possesseur ait cru à une cause d'acquisition quelconque. C'est ainsi que dans l'espèce, que nous avons citée plus haut, celle du legs révoqué à l'insu du légataire par un testament postérieur, le légataire serait admis à faire les fruits siens, car il a cru à l'existence du titre, qui en réalité n'existait pas. C'est ainsi encore qu'un donataire qui a reçu une donation sous seings privés et qui prouverait qu'il ignorait les conditions de forme exigées par la loi pour les donations, serait considéré comme un possesseur de bonne foi ayant droit aux fruits de la chose objet de la donation.

Si l'on admet, au contraire, que même dans l'article 550, le titre est exigé comme une condition séparée, distincte de la bonne foi, ne faisant pas corps avec elle, il faudra qu'il y ait en tous cas, un titre, vicieux il est vrai, mais un titre réel, et non un titre putatif, œuvre d'imagination.

En résumé, la loi dans l'article 550 comme dans l'article 2265, exige-t-elle un titre, et non une simple croyance dans un titre ?

56. Après bien des hésitations nous avons adopté la première de ces deux théories. Nous n'ignorons pas que nous nous mettons ainsi en contradiction avec la grande majorité des auteurs. Seul, à peu près, parmi ceux-ci, M. Laurent (1), a soutenu la thèse que nous adoptons qui est celle de la néces-

1. Laurent, *Principes*, VI, pp. 278 et s.

sité du titre réel pour baser l'acquisition des fruits par le possesseur.

Quant à la jurisprudence, elle nous est nettement hostile (1).

Voyons d'abord les textes en eux-mêmes. L'article 550 suppose que le possesseur possède en vertu d'un titre translatif de propriété. Cela ressort des termes mêmes de l'article. Il est de bonne foi tant qu'il ignore les vices du titre. A notre avis, le texte n'établit nullement que le titre ne soit ici qu'un élément de la bonne foi. Tout, au contraire, il exige clairement que le possesseur ignore les *vices du titre* ; or, comment peut-on ignorer les vices d'un titre qui n'existe pas ? Un titre inexistant n'a pas de vices, par définition même, donc, à notre sens, le texte de l'article 550 suppose jusqu'à l'évidence, l'*existence* d'un titre. A ce premier argument, tiré des termes mêmes de l'article 550, nos adversaires répondent : Vous prétendez que, pour que le possesseur se croit de bonne foi propriétaire, il faut qu'il ait en mains un titre. Mais le titre vicieux qu'on suppose, pour que se pose la question de bonne foi, ne lui a pas plus transféré la propriété que s'il n'en avait aucun et la situation de celui qui possède sans titre est la même que celle de celui

1. Demolombe, IX, p. 531 ; Aubry et Rau, II, § 206, p. 270, texte et note 15 et les auteurs cités par eux ; Civ. Cass., 18 août 1830, Sir. 30, 1, 312; Civ. rej. 7 juin 1837, Sir. 37, 1, 581 et 586 ; Colmar, 18 janvier 1850, Sir. 51, 2, 533; Douai, 15 mai 1847, Sir. 47, 2, 564 ; Cass. 8 janvier 1872, Dall. 1873, 1, 57.

qui possède avec un titre vicieux dont il ignore les vices. L'article 550 exige seulement la bonne foi, c'est-à-dire l'erreur ; or, il y a bonne foi dans les deux cas, donc le titre putatif, simplement, suffit pour l'acquisition des fruits.

57. Une pareille argumentation, à notre avis, constitue une véritable pétition de principes. Ce qu'il faut précisément savoir c'est si le législateur n'a pas voulu exiger, pour l'acquisition des fruits, plus que la simple bonne foi, comme il l'a fait pour la prescription de dix et vingt ans, en exigeant, en outre, un titre translatif de propriété. Car en somme le système de nos adversaires revient à dire que la simple bonne foi suffit, par elle-même, dans le cas qui nous occupe. Il s'agit, précisément, de trouver sur ce point la pensée du législateur, et nous ne saurions la trouver ailleurs que dans son texte. Or, si nos adversaires ne proclament pas tout simplement que la bonne foi suffit pour l'acquisition des fruits, ce qui, nous le répétons, est en somme leur système, c'est qu'ils ne peuvent pas faire précisément que le législateur n'ait pas parlé du titre dans son texte. Si la bonne foi devait suffire on ne comprendrait plus que le législateur ait parlé du titre et de ses vices. Serait-ce, par hasard, pour dicter au juge sa tâche et lui indiquer par là que le titre devait être pour lui la base principale de sa décision sur l'existence de la bonne foi chez le possesseur. On est bien obligé de reconnaître que le législateur aurait exprimé sa pensée d'une manière bien étrange, et aurait édicté ainsi une disposition presque inutile ; et cependant, c'est à cette conclusion que nous conduit fatalement la théorie que nous combattons ici.

58. Nos adversaires ajoutent : comparez la rédaction de l'article 550 à celle de l'article 2265, et voyez si le législateur ne semble pas avoir eu des exigences différentes dans l'un et l'autre des cas qu'il prévoit dans ces textes. Pour notre part, nous avouons n'avoir vu, après un examen attentif, dans ces deux textes, que l'affirmation par deux fois répétée de la nécessité du titre. Par deux fois, en des termes différents il est vrai, mais très clairs chaque fois, le législateur a exigé dans la possession de bonne foi, la coexistence chez le possesseur du titre en même temps que de la bonne foi.

59. La disposition de l'article 2267 que nous avons rapporté plus haut est aussi une des armes de l'opinion opposée à la nôtre. On dit : cette disposition spéciale à la matière de la prescription de dix et vingt ans n'a point été reproduite dans l'article 550. Celui-ci ne distingue pas entre les vices du titre, et ce silence est caractéristique. Mais nous établirons, par la suite, qu'il s'agit dans ce texte de *formes* qui sont nécessaires à l'existence même de l'acte ; que l'absence de ces formes détermine par conséquent, l'inexistence du titre, et que l'article 2267 s'applique dans ces conditions en matière d'acquisition des fruits comme en matière de prescription de dix et vingt ans. Que c'est là une disposition d'une nature générale en matière de possession de bonne foi, comme celle de l'article qui le suit immédiatement.

60. On nous oppose encore l'article 138 qui dispos que « *tant que l'absent ne se représentera pas,* « *ou que les actions ne seront point exercées de son* « *chef, ceux qui auront recueilli la succession gagne-* « *ront les fruits par eux perçus de bonne foi.* » Voilà une disposition, nous dit-on, où le législateur montre clairement qu'en l'absence de tout espèce de titre, par l'effet de la seule bonne foi en un mot le possesseur de bonne foi fait les fruits siens. Remarquons, tout d'abord, que nous pourrions voir dans l'envoi en possession un véritable titre, et le raisonnement qu'on nous fait tomberait par cela même.

Mais soit, admettons qu'il n'y ait pas de titre en l'espèce. Que prouve donc, dans ce cas l'article 138 ? Il prouve simplement, à notre avis, que le législateur a cru devoir statuer dans un cas particulier dans le sens inverse de la règle générale écrite dans l'article 550. Il s'agit donc, dans l'article 138, d'une véritable exception à la règle que le législateur a cru devoir édicter d'une façon spéciale, et c'est ainsi que l'argument de nos adversaires se retourne contre eux en notre faveur.

61. On nous oppose enfin les textes du Droit romain et la tradition du Droit ancien. S'il est vrai que, dans des décisions nombreuses le Droit romain admettait le titre putatif pour servir de base à l'usucapion, les commentateurs sont d'accord cependant pour constater qu'aucune règle précise n'existait sur ce point. Les Romains semblent avoir statué suivant les cas qui se présentaient en se préoccupant surtout du degré plus ou moins grand d'excusabilité chez celui qui se prétendait de bonne foi (1). Le titre putatif suffisait notamment lorsque l'erreur portait sur le fait d'autrui (2). Le législateur moderne aurait répudié formellement la théorie romaine dans l'article 2265, d'où il faudrait conclure *a contrario* qu'il aurait admis la théorie du titre putatif en matière d'acquisition des fruits. Mais comment peut-on prétendre tirer un argument, surtout un argument *a contrario,* d'une règle que les Romains eux-mêmes n'ont pas formulée d'une façon précise. D'ailleurs en matière d'acquisition des fruits le possesseur qui n'avait que la bonne foi sans le titre, sans qu'il fut assimilé à un possesseur de mauvaise foi, devait toutefois restituer les fruits existants et même peut-être les fruits consommés. Il était dispensé à la vérité de la restitution de ceux qu'il avait négligé de percevoir. Il résulte de cette distinction

1. Fg. 3 § 1, D. *de juris. et facti ignor*, (22, 6) ; fg. 3 *pro don.* D. (41, 6) ; fg. 25 *de don. int. vir et ux.*, (24, 1), fg. 43, *usurps.* D. (41. 3), fg. 31 § 6, 44 § 4 *de usurp.* D. (41, 3).
2. Fg. 5 § 1, D. *pro suo* (41, 10).

qu'aucun argument pour ou contre notre théorie ne peut être tiré des textes romains.

Nous reconnaissons volontiers par contre que la tradition de l'ancienne jurisprudence était en sens contraire (1). Mais aux traditions, quelque respectables qu'elles soient, nous préférons les textes que nous avons à interpréter, surtout lorsqu'ils sont aussi clairs dans leurs termes que la disposition de l'article 550.

62. La théorie qu'on nous oppose revient en somme, nous l'avons déjà fait observer, à baser la possession de bonne foi pour l'acquisition des fruits sur un titre même inexistant ou nul de nullité absolue. Les seuls titres, disent nos adversaires, que le Code aurait voulu proscrire, seraient les titres constatant la précarité dans la possession. Une autre restriction consisterait dans l'hypothèse où le possesseur aurait acquis contrairement à la prohibition de la loi. C'est ici que se place précisément la théorie de la jurisprudence que nous avons déjà signalée (2), et qui distingue entre l'erreur de droit qui porte atteinte à un intérêt général, et celle qui porte atteinte à des intérêts particuliers. Le titre vicié par la première de ces erreurs ne pourrait pas servir de base à l'acquisition des fruits. Pour nous, nous avons déjà fait observer que cette distinction nous paraissait purement arbitraire ; que nous n'admettrons

1. Pothier, *Du domaine de Propriété*, n° 293.
2. V. *suprà*, n°ˢ 44 et s.

jamais d'une façon générale, le titre vicié d'une nullité absolue, ou inexistant, à servir de base à la
possession de bonne foi, même pour l'acquisition
des fruits. C'est ainsi que nous avons été amenés à
adopter les solutions de la jurisprudence, non point
« parce qu'il s'agissait d'un intérêt général », mais
bien parce que, dans les espèces, il s'agissait de titres nuls ou inexistants.

63. Ajoutons enfin que la théorie de nos adversaires est particulièrement dangereuses dans ses
applications pratiques. Du moment que l'on admet
qu'un titre quelconque même simplement putatif
peut fonder la possession de bonne foi pour l'acquisition des fruits, le pouvoir arbitraire du juge pourra
se donner ici libre carrière, aucune borne n'étant
mise quant à son pouvoir d'appréciation de la bonne
foi chez le possesseur ; d'autant que sa sentence
n'est pas soumise à cassation en ce qui concerne l'appréciation de la bonne foi, qui est une simple question de fait.

Est-ce bien ce qu'a voulu le législateur qui s'est
cependant donné la peine de donner une définition
détaillée de la bonne foi chez le possesseur dans
l'article 550 ?

Il nous semble qu'il serait difficile de le soutenir,
et que les dangers que nous signalons ici devraient
à eux seuls faire écarter la théorie que nous combattons, si tant est que le doute puisse naître en
cette matière.

Section II. — De la nature du titre.

64. Dans la langue du droit le mot titre présente trois significations différentes :

Il signifie : 1° Le principe, l'origine d'un droit. C'est ainsi que l'on dit que l'on acquiert à *titre* de vente, *à titre* de donation.

2° Il est aussi synonyme de *qualité*. Exemple : On acquiert une chose *à titre* d'héritier ; tel droit nous est accordé, à *titre* d'usufruitier.

3° Enfin il signifie aussi l'*acte*, l'*instrumentum* qui constate le droit : un titre de créance, c'est-à-dire une pièce constatant une créance.

Il est bien évident, sans autre démonstration, que le législateur dans les articles 550 et 2265 a pris le mot titre dans les deux premières acceptions, qui d'ailleurs, à la réflexion, se confondent facilement en une seule, sans se préoccuper de la troisième signification.

65. Mais, cette première distinction faite, s'agit-il d'un titre quelconque ? Le texte est là pour nous répondre négativement. L'article 550 déclare en effet d'une façon formelle qu'il s'agit d'un *titre translatif de propriété* ; et l'article 2265 le laisse clairement entendre lorsqu'il s'exprime ainsi : « Celui qui *acquiert* de bonne foi et par juste titre... »

Quand le législateur donc, dans les articles 549,

555 et 2265, croit devoir faire produire des effets à la bonne foi, ces effets profitent à un *possesseur*. Nous aurons à rechercher par la suite, quand nous traiterons des personnes auxquelles leur bonne foi procure des avantages, si ces mêmes effets ne se produisent pas aussi dans la personne d'un autre qu'un possesseur proprement dit.

66. Pour l'instant il nous importe de rechercher simplement quels sont les titres qui légitiment la possession de bonne foi. Remarquons toutefois, tout d'abord, qu'il faut mettre sur la même ligne que les titres translatifs de propriété, ceux qui sont translatifs ou constitutifs d'usufruit ou d'usage (1).

67. De ce que la loi exige un *titre translatif de propriété*, il en résulte évidemment, tout d'abord, que tout titre qui ne présente pas ce caractère translatif ne peut constituer un possesseur de bonne foi. C'est ainsi qu'un acte de dépôt, par exemple, ne présenterait pas ce caractère, pas plus d'ailleurs qu'un mandat ou qu'un sequestre.

Il importerait peu, du reste, que l'on déguisât sous le nom d'un titre translatif de propriété, un titre qui ne présenterait pas ce caractère. La bonne foi du possesseur indépendamment de la question de la nature du titre, n'existerait même pas dans une pareille hypothèse (2).

1. Aubry et Rau, II, § 206, p. 269, texte et note 12.
2. Demolombe, IX, p. 507. Cassat., 1er janvier 1826.

Il en résulte *a contrario* que tout litre qui, de par la loi, est translatif de propriété pourra être constitutif d'une possession de bonne foi. Or, la propriété s'acquiert généralement par des contrats à titre oné·reux, tels que la vente, l'échange, etc. ; mais elle s'acquiert aussi par des actes à titre gratuit tels que la donation, ou encore par testament ou par succession. Il en résulte qu'il y aura possession de bonne foi, toutes les fois qu'il y aura possession à titre de propriétaire, que la cause dérive d'un contrat, d'un testament ou de la loi.

68. Quelques doutes s'élèvent au sujet des jugements déclaratifs, des partages et des transactions.

Ces titres peuvent-ils constituer une possession de bonne foi ? En ce qui concerne les jugements déclaratifs, ceux qui, par exemple, sur une demande en revendication ordonnent le délaissement de l'immeuble revendiqué, ainsi que les jugements d'adjudication qui ne sont pas translatifs de propriété, ceux-là ne constituent pas, à notre avis, la base d'une possession de bonne foi (1).

On a prétendu qu'il intervenait entre les parties avant le jugement ce qu'on a appelé le *contrat judiciaire*, et que, ce contrat se formant avant une revendication, il en résultait que le jugement devenait un véritable titre translatif. « Or l'engagement que

1. Aubry et Rau, II, § 218, p. 377. Troplong, II, 883 ; Zachariæ, § 217, note 7.

« les parties prennent de se soumettre, disent
« MM. Aubry et Rau (1), à la décision du juge
« emporte de la part de celui qui doit succomber
« non point l'abandon éventuel d'un droit de pro-
« priété existant à son profit, mais simplement la
« renonciation à faire valoir des prétentions qui
« désormais n'auraient plus aucune apparence de
« vérité *quia res judicata pro veritate habetur.* »

Tel est, en effet, à notre avis, le véritable con-
tenu de ce contrat judiciaire, si toutefois contrat il
y a. Les parties ne reconnaissent donc au juge que
le pouvoir de déclarer les droits du véritable propriétaire sans l'autoriser à transférer ce droit à celui auquel il n'appartiendrait pas. C'est établir par
là que ces jugements déclaratifs ne peuvent répondre aux exigences de la loi pour fonder la possession de bonne foi.

69. Le partage est dans notre droit purement
déclaratif des droits des parties (arg. art. 883, C. c.).
Comme tel il n'est point soumis aux formalités
de la transcription, ainsi que tous les actes à titre
onéreux dont l'effet est de faire cesser l'indivision
d'une manière absolue (2).

1. II, p. 377, texte et note 5. V. les auteurs cités dans cette
note, ainsi que l'observation concernant la jurisprudence contraire réglant des espèces où il est question uniquement de
sentences arbitrales rendues avant la promulgation du Code
Napoléon, à un moment donc où l'on admettait que le titre
n'était exigé que comme un élément de la bonne foi.

2. Aubry et Rau, § 209, p. 299, texte et note 47.

Il faut supposer, pour que naisse la difficulté que nous examinons ici, qu'on a mis dans le lot de l'un des copartageants un immeuble qui n'appartenait pas au *de cujus*. Le copartageant bénéficiera-t-il dans ce cas des avantages attribués par le législateur au possesseur de bonne foi ? Nous laissons de côté, pour le moment, la question de savoir si la bonne foi du *de cujus* profite à son successeur, question que nous examinerons par la suite en traitant de l'influence de la jonction des possessions sur la bonne foi.

Certains auteurs estiment que le partage constitue un titre translatif dans le sens que l'article 550 donne à cette expression. Il établit en effet, disent-ils, que les copartageants sont propriétaires en qualité d'héritiers du *de cujus* ; il constate donc le *titre d'héritier*, lequel suffit, nous le savons, pour fonder une possession de bonne foi. Voilà donc bien dans ces conditions, le vœu de la loi parfaitement satisfait.

Il est vrai que le partage suppose toujours un titre préexistant, une acquisition antérieure faite par l'auteur ou les copartageants. Mais nous avons supposé qu'il s'agissait, en l'espèce, d'un immeuble que les copartageants croyaient à tort dépendre de la succession ; le titre antérieur est donc un simple titre putatif que le partage n'a pu transformer en titre réel d'acquisition (1). Nous reconnaissons

_____

1. Aubry et Rau, § 218, p. 376, texte et note 4.

toutefois que la jurisprudence a rendu maintes fois des décisions contraires aux principes que nous venons d'énoncer et qui nous semblent être conformes cependant aux exigences de la loi (1).

70. Quant à la transaction des controverses assez vives se sont élevées sur le point de savoir si elle était translative ou déclarative de droits, et si par contre-coup elle pouvait fonder ou non une possession de bonne foi ? (2) Sans examiner en détails les textes du Droit romain sur lesquels s'appuient les partisans de la première opinion, il faut reconnaître que ces textes ne sont pas concluants car ils prévoient pour la plupart des hypothèses où la transaction créait pour l'une des parties une cause nouvelle de possession. Dans notre ancien droit par contre la transaction était unanimement considérée comme déclarative.

Prenons une espèce. Primus et Secundus sont en différend relativement à la propriété de l'immeuble A. Pour clore le différend il intervient entre les parties une transaction aux termes de laquelle, Secundus consent à abandonner tous droits sur l'im-

---

1. Nous déciderions cependant en sens contraire en ce qui concerne le partage d'ascendants fait par donation entre vifs. Il y a là alors un véritable titre translatif, le titre *pro donato*. La jurisprudence est divisée sur cette question.

2. Troplong, *De la Prescription*, II, p. 467; Aubry et Rau, II, p. 376, texte et note 3; Mourlon, *Transcription*, I, n° 75, p. 176; Cass. 14 mars 1809, Sir. 10, 1, 94.

meuble A à condition que Primus lui cédera la propriété de l'immeuble B. Il est bien évident, et les jurisconsultes sont généralement d'accord sur ce point, que Secundus aura un titre translatif par rapport à l'immeuble B. Ce sont précisément des cas de cette nature que prévoient les textes du droit romain, c'est-à-dire des cas où la transaction crée pour l'une des parties une cause nouvelle de possession.

Mais ne peut-on, dans notre droit, et c'est ici que le dissentiment commence, aller plus loin et décider que la transaction est *toujours* translative de droits ? Nous le pensons.

En effet, une fois la transaction passée, celui qui est mis en possession de la chose est censé l'avoir désormais au titre dont il s'était prévalu avant la transaction. D'ailleurs l'article 2048 du Code civil ne dit-il pas que la transaction renferme une renonciation ? Or, on ne renonce qu'à un droit que l'on a. Il y a donc, en matière de transaction, au moins une véritable translation de droits, ce qui fait de la transaction elle-même un acte translatif suffisant pour fonder la possession de bonne foi.

71. Le contrat dont la validité est subordonnée à une condition peut-il constituer un juste titre dans le sens des articles 550 et 2265 ? Il faut distinguer s'il s'agit d'une condition suspensive ou d'une condition résolutoire.

Dans le premier cas, l'*animus domini* manquera

forcément au possesseur jusqu'à l'événement de la condition. C'est notre avis et celui d'ailleurs de la majorité des auteurs (1). C'était d'ailleurs aussi la doctrine de Pothier (2). M. Duranton cependant a soutenu le système opposé en invoquant la rétroactivité attachée à l'accomplissement de la condition (3). Il raisonne ainsi : lors de l'accomplissement de la condition tout doit se passer comme si le possesseur avait acquis en vertu d'un contrat qui n'aurait été affecté d'aucune condition ; il est donc supposé rétroactivement avoir eu l'*animus domini*. Mais c'est là une fiction de la loi, et le fait que le possesseur n'a pu avoir l'*animus domini* reste entier et parfaitement acquis ; le fait doit prévaloir sur la fiction.

En revanche s'il s'agit d'un contrat dont l'existence est subordonnée à une condition résolutoire il faut décider que dès l'origine il constitue un juste titre (4). C'est ce qui résulte d'ailleurs nettement du texte de l'article 1665 du Code civil qui dispose que « l'acquéreur à pacte de rachat exerce tous les « droits de son vendeur ; il peut prescrire tant « contre le véritable maître que contre ceux qui

1. Troplong, *Prescrip.* II, n° 910 ; Zachariæ, § 217, texte et note 6; Aubry et Rau, II, § 218, p. 370, texte et note 12 ; Laurent, XXXII, 398.
2. Pothier, *Prescription*, n° 90.
3. Duranton, XXI, 376.
4. Troplong, *op. cit.* 911 ; Duranton, XXI, 375 ; Aubry et Rau, II, § 218, p. 379; Zachariæ, § 217, note 6; Nancy, 14 mars 1842, Sir. 42, 2, 133.

« prétendraient des droits et hypothèques sur la
« chose vendue. » C'est ainsi que nous admettrons
de même que l'acheteur dont le titre est annulable
peut commencer la prescription de dix à vingt dès
le jour du contrat, et qu'il suffit qu'il ait la bonne
foi à cette date.

72. Depuis la loi du 23 mars 1855 on peut se demander si un titre non transcrit est opposable par
le possesseur de bonne foi au propriétaire revendiquant. Autrement dit la question se pose de savoir
si le propriétaire est l'un des tiers dont il est question dans l'article 3 de la loi précitée.

N'a-t-il pas en effet sur l'immeuble le plus puis-
sant des droits réels, celui de propriété, qu'il a conservé d'ailleurs conformément aux lois? Ne pourrait-on pas même aller plus loin et le propriétaire
ne pourrait-il pas prétendre même que le possesseur est de mauvaise foi, car, s'il n'a pas transcrit,
il ne pouvait ignorer les vices de son titre?

Il faut remarquer tout d'abord que la loi du 23
mars 1855 ne soumet à la formalité de la transcription que les actes qui doivent et peuvent par eux-
mêmes transférer la propriété (1). Or ce n'est pas
le cas de la possession de bonne foi qui est la véritable cause en l'espèce du transfert de la propriété.

Il faut décider de plus que le propriétaire ne
fait nullement partie des tiers dont il s'agit à l'arti-

1. Aubry et Rau, II, § 209, p. 319, note 106.

cle 3. Car, d'une part, il n'est pas l'ayant cause de
l'auteur du possesseur, et d'autre part il n'a pas
acquis son droit postérieurement audit possesseur.
D'un autre côté, le but de la loi de 1855 n'a pas été
de protéger le propriétaire négligent, mais simplement de garantir la sécurité des droits des ache-
teurs et des créanciers.

73. A cette manière de voir on oppose la disposition de l'article 2180 du Code civil aux termes duquel la prescription de dix et vingt ans ne court au
profit du possesseur, en ce qui concerne l'extinction des privilèges et hypothèques, qu'à partir de
la transcription du titre (2180, alin. 3, *in fine*).
Cette disposition s'explique par le fait que le créancier hypothécaire connaît l'aliénateur; il est donc
intéressé à connaître les mutations de propriété que
seule la transcription peut lui révéler. Mais le propriétaire, lui, dans le cas qui nous occupe, ne connaît ni l'acheteur, ni le vendeur même; comment
veut-on, dans ces circonstances, qu'une transcription lui apprenne quelque chose? Il serait donc
dans l'impossibilité absolue de se renseigner, même
s'il y avait transcription du titre, ce qui démontre
que cette transcription est inutile.

On prétend d'autre part que l'acheteur serait de
mauvaise foi parce qu'il aurait connu au moins un
des vices du titre, celui qui résulterait du défaut de
transcription? Or il est bien certain que ce vice du
titre, si vice il y a, n'est pas de ceux dont il est
parlé dans l'article 550.

Ajoutons que le titre non transcrit est d'ailleurs parfaitement valable entre les parties ; il le serait à notre avis *a fortiori* vis-à-vis du propriétaire revendiquant (1).

74. On s'est posé parfois la question de savoir si, le conflit s'élevant entre les ayants cause de deux auteurs différents, la prescription de dix et vingt ans peut courir au profit de celui dont l'auteur n'a pas transcrit, alors que lui-même a transcrit son contrat. A notre avis la question ne se pose même pas, car la prescription n'est ici nullement nécessaire. Le possesseur est devenu propriétaire et triomphera de toutes les revendications dirigées contre lui par l'autre ayant cause.

75. Pour les actes à titre gratuit une légère difficulté s'élève aussi relativement à la question de transcription. On sait que l'article 941 du Code civil exige la transcription pour ces sortes d'actes. Or, que dit ce texte ? Il donne d'une façon générale *à toutes personnes ayant intérêt,* ce sont ses propres expressions, le droit de se prévaloir du défaut de transcription. Il est donc plus large à ce propos dans ses termes que l'article 3 de la loi du 23 mars 1855. Ne comprendrait-il pas dans « ces personnes

1. En ce sens. Mourlon, II, 512 ; Aubry et Rau, II, § 209, p. 320 ; *Contrà,* Troplong, *Prescript.* II, 177 et s. ; Demolombe, XXIV, 462, et quelques décisions de jurisprudence. V. toute fois dans le sens que nous avons indiqué : Montpellier, 18 février 1866, D. 69, 1, 478 ; Bastia, 5 février 1890, D. 90, 2. 263.

ayant intérêt » le propriétaire revendiquant lui-
même? N'est-il pas en effet le premier de tous les
intéressés?

Nous ne pensons pas, néanmoins, qu'il faille le
ranger parmi les personnes qui sont admises à se
prévaloir du défaut de transcription. L'article 941,
en effet, n'a fait que reproduire les termes de l'article 27 de l'Ordonnance de 1731, texte qui montre
clairement que le législateur n'a voulu protéger que
les ayants cause ou les créanciers du donateur (1).
Le propriétaire revendiquant ne peut donc l'invoquer en sa faveur.

En résumé nous admettons relativement à la
transcription, exactement la même solution que
nous avons adoptée pour les actes à titre onéreux (2).

76. Jusqu'ici, dans le cours de nos explications
sur le titre, nous avons supposé qu'il s'agissait
d'un titre valable, susceptible par conséquent de
transférer la propriété à l'acquéreur, au donataire
ou au légataire. Mais nous savons d'autre part que

---

1. *Art. 27 Ord. fév. 1731*. Le défaut d'inscription des
donations qui y sont sujettes à peine de nullité pourra être
opposé tant par les *tiers acquéreurs* et *créanciers du donateur*,
que par ses *héritiers, donataires postérieurs* ou *légataires* et généralement par tous ceux qui y auront intérêt autres néanmoins que le donateur...

2. En ce sens, Aubry et Rau, II, § 218, p. 380, note 18.
Contrà, Laurent, XXXII, n° 395 : p. 417, note 2 ; Bordeaux,
26 février 1851 (Dal. 52, II, 52).

la question de bonne ou de mauvaise foi chez le possesseur ne se pose pour le législateur que dans le cas
où il y a une erreur sur la validité du titre translatif;
autrement dit la question ne se pose que lorsque le
titre, tout en étant translatif de propriété, n'a néanmoins pas transmis la propriété à l'actuel possesseur.
Pour que ce dernier soit réputé de bonne foi, il faut
précisément qu'il ignore la cause, le vice, dit le
législateur, qui l'a empêché d'acquérir la propriété.

Quels sont donc les vices qui peuvent affecter le
titre translatif? Quelle est leur importance comparée aux yeux du législateur des articles 550 et 2265.
Ce sont là maintenant les questions qu'il nous faut
examiner.

Section III. — Des vices du Titre

§ 1er. — *Vices de fond*

77. Le titre ou juste titre, en matière de bonne
foi, c'est l'ancienne *justa causa* des Romains; c'est,
pour le définir immédiatement, *le fait juridique
qui eût été translatif de propriété si celui dont il
émane eût été propriétaire.*

C'est là la définition traditionnelle, et c'est bien
à ce point de vue que le législateur, dans les arti-

cles 550 et 2265, considère le juste titre (1). Aucun dissentiment ne s'élève sur ce point. Le possesseur, pour être de bonne foi aux yeux de la loi, doit donc être persuadé que celui qui lui a transmis l'immeuble en était propriétaire. Il faut aller plus loin encore : il doit être persuadé même que le titre même de son auteur était absolument inattaquable. C'est ainsi que si le possesseur a su que le titre de son auteur était entaché d'une cause de nullité ou de résolution, il n'est pas de bonne foi, car il n'a pu avoir l'*animus domini* qu'on exige de lui (2). Le *doute* donc qui existerait chez le possesseur de bonne foi relativement aux droits de son auteur sur la chose, ne suffirait pas pour qu'il pût se prétendre tel. C'est ce que nous avons fait ressortir plus haut en considérant la bonne foi, dans notre droit, comme un *fait positif*. Si toutefois les casuistes de l'ancien Droit avaient admis le doute comme un fondement suffisant de la bonne foi, c'était une conséquence peut-être nécessaire de la règle que l'on avait admise d'autre part, que la bonne foi devait subsister pendant tout le laps de temps requis pour l'usucapion. Devant cette exigence on avait été amené insensiblement à se montrer plus indulgent en ce qui concerne l'appréciation de la bonne foi en

1. Dans l'exposé des motifs, Bigot Préameneu s'exprime ainsi : C'est un titre (le juste titre) qui, de sa nature est translatif du droit de propriété, (Locré) VIII, p. 352).

2. Troplong. *Prescript.* II, 927 ; Duranton, XXI, 386 ; Aubry et Rau, II, § 218, p. 383.

elle-même. Tant il est vrai que les lois humaines doivent fléchir inévitablement devant les nécessités sociales créées par la nature humaine ! Quoi qu'il en soit, aucune raison n'existe plus aujourd'hui pour que l'on n'exige pas du possesseur une confiance pleine et entière dans le titre de son auteur.

78. Les articles 549, 550 et 2265 du Code civil ont été évidemment écrits par le législateur pour régler les rapports du tiers possesseur avec le véritable propriétaire de l'immeuble qui est l'objet de la possession de bonne foi. Tel est évidemment leur but principal. Nous aurons toutefois à rechercher, par la suite, si, comme le soutient notamment la jurisprudence, leur champ d'application ne doit pas être considéré comme plus vaste, et si leurs dispositions, au moins celles des articles 549 et 550, ne doivent pas régler des rapports autres que ceux que nous venons de signaler. C'est là une controverse intéressante que nous examinerons lorsque nous traiterons des personnes qui sont admises par la loi à bénéficier de leur bonne foi.

Pour le moment il nous suffit d'établir en principe que le juste titre dont parle la loi aux articles 549, 550 et 2265 est le titre qui n'émane pas du véritable propriétaire. C'est là le vice capital du titre, celui que la loi prévoit dans ces dispositions, et celui que vient couvrir, pour ainsi dire, la bonne foi du possesseur.

79. Mais, en dehors de ce vice capital, ne peut-on concevoir d'autres vices affectant l'acte translatif, et qui, sans attaquer le droit de propriété pour ainsi dire, par sa base même, peuvent tout au moins l'ébranler fortement et constituer, s'il les connaît, le possesseur en mauvaise foi ?

Pour éclaircir cette proposition, prenons une espèce. Secundus a acquis d'un mineur Tertius l'immeuble A qui appartient en réalité à Primus. Il y a dans ce cas, dans le titre de Secundus, deux vices : l'un qui résulte du défaut de propriété chez Tertius, et l'autre qui provient du fait que, par hypothèse, les formes légales requises pour la vente des biens des mineurs n'ont pas été observées en ce qui concerne Tertius. Supposons maintenant que Secundus ait cru de bonne foi que l'immeuble A appartenait réellement à Tertius, mais qu'il a connu par contre l'état de minorité de ce dernier et les conséquences de cet état sur les formalités requises par la loi pour la vente des immeubles des mineurs. Pourra-t-il, dans ces conditions, se prétendre possesseur de bonne foi ? A notre sens, il ne le pourra pas, car, connaissant la chance d'annulation à laquelle était soumis le contrat intervenu entre Tertius et lui, il n'a pu avoir l'*animus domini*, la certitude pleine et entière qu'il était propriétaire. Nous savons déjà que la jurisprudence et certains auteurs n'admettent cette proposition qu'avec des dérogations importantes.

Supposons enfin maintenant que Secundus a

ignoré et le défaut de propriété chez Tertius et son état de minorité. Pourra-t-il, dans ces circonstances, exciper de sa bonne foi ? Nous le pensons, mais la solution de cette question a donné lieu à des controverses qu'il nous faut rapporter ici.

80. La question revient en somme à se demander si le titre nul de nullité relative simplement, est un juste titre dans le sens que les articles 550 et 2265 donnent à cette expression.

Justifions immédiatement cette proposition. Tout d'abord le titre *inexistant* pour une cause quelconque ne peut pas servir de base à la possession de bonne foi. Nous avons en effet établi (1) en principe que la loi exigeait un titre dans tous les cas, aussi bien lorsqu'il s'agit de l'acquisition des fruits que lorsqu'il s'agit de la prescription de dix et vingt ans. Or un titre inexistant n'est pas un titre, dans aucune langue : c'est le néant.

En ce qui concerne, d'autre part, le titre affecté d'une nullité absolue, toute personne qui y est intéressée étant admise à se prévaloir de la cause de nullité qui l'affecte, il en résulte que le véritable propriétaire de l'immeuble, objet de la possession, peut s'en prévaloir lui aussi à l'encontre du tiers possesseur sans que celui-ci puisse lui opposer sa possession de bonne foi. A cette manière de voir quelques-uns opposent la disposition de l'article 2267 qui semble, il est vrai, établir en matière de pres-

1. *Suprà* n° 52 et s.

cription tout au moins, une distinction entre les nullités de fond et les nullités de forme, ces dernières étant seules proscrites par le texte. Mais c'est *a fortiori* qu'il faut conclure de la disposition de cet article et non *a contrario*. Il faut donc décider que les nullités absolues, même les nullités de fond empêchent le titre de produire les effets prévus aux articles 549 et 2265 (1).

C'était d'ailleurs la doctrine de l'ancien droit (2).

Supposons qu'une donation ait été faite par acte sous-seings privés, ou qu'un legs ait été fait dans un testament, nul d'ailleurs. Il importerait peu qu'une exécution volontaire fût intervenue après coup, car le propriétaire revendiquant ne pourrait pas se voir opposer une possession de bonne foi basée sur cette exécution.

81. Il nous reste donc, la question étant ainsi nettement dégagée, à examiner maintenant le cas où le titre translatif est affecté d'une nullité relative, telle que celles qui résultent de l'incapacité, du dol, de la violence ou de l'erreur.

A ce sujet, faisons une première remarque. Lorsque nous avons défini la bonne foi, nous avons admis en principe, nous conformant en cela, en partie du moins, à la théorie de M. Troplong (3), que la

1. Aubry et Rau, II, § 218, pp. 377 et s. notes 7 et s.; Fenet, t. XV, p. 593.

2. Dunod de Charnage (*Prescript*, I, c. VIII, p. 47); d'Argentré sur l'art. 266, *Coutume de Bretagne*.

3. *Prescript*, II, 914 et s. *V. suprà* n°s 36 et s.

bonne foi ne pouvait exister chez le possesseur lorsque l'acquéreur avait connu les vices du titre qui le liait à son auteur. Mais nous avons décidé, d'autre part, que dans le cas où l'acquéreur avait ignoré les vices du titre il pouvait se dire de bonne foi, même lorsque le titre était vicié, d'une nullité relative cependant.

Ce faisant, nous nous sommes écartés de la théorie, à notre avis, trop absolue de M. Troplong, pour revenir à la doctrine traditionnelle de Dunod et de Pothier.

« Le titre annulable, disait Dunod (1), forme « un titre putatif et coloré à l'ombre duquel l'ac- « quéreur peut se croire le maître et posséder de « bonne foi. »

Les adversaires de notre manière de voir en cette matière raisonnent ainsi : la loi exige la bonne foi appuyée sur un juste titre. Or, c'est au jour de l'entrée en possession, s'il s'agit de la prescription de dix et vingt ans, ou au jour de l'acquisition, s'il s'agit des fruits, qu'il faut se placer pour connaître si ces conditions sont remplies en fait.

Mais dans l'hypothèse qui nous occupe, le titre est *malade* et comme tel non translatif de propriété définitive tant qu'il n'est pas confirmé. Ce n'est donc pas le juste titre qu'exige la loi.

82. A ces arguments nous répondons que nos adversaires font ici une véritable pétition de prin-

1. *De Prescript.* I c. VIII, p. 47.

cipes : il s'agit en effet de démontrer précisément que le titre, affecté par hypothèse d'une nullité relative est considéré comme malade par le législateur et comme inefficace pour fonder une possession de bonne foi. De plus il existe dans nos lois une règle bien établie et qu'il est bon de rappeler en face de pareils arguments : c'est que l'incapable ou celui qui a été victime du dol, de l'erreur ou de la violence peuvent seuls se prévaloir de la nullité de l'acte. Or, en admettant le propriétaire revendiquant à invoquer cette cause de nullité pour infirmer la possession de bonne foi, on viole ouvertement cette règle. D'ailleurs supposons une confirmation intervenant de la part du mineur ou de la victime du dol ou de l'erreur. La confirmation aura un effet rétroactif et l'on ne peut plus dire alors que les faits contemporains de l'entrée en possession ont seuls une influence sur les droits du possesseur.

A notre théorie on oppose encore le texte de l'article 1338 qui dispose que la confirmation ne peut pas nuire aux tiers (1338, al. 3 *in fine*). Il nous est facile de répondre : les tiers dont il est parlé dans cet article, cela est de toute évidence, sont les cessionnaires exprès ou tacites de l'action en nullité. Le propriétaire qui intente la revendication n'en fait évidemment pas partie.

En résumé, nous admettons donc que la nullité relative n'exclut pas la possession de bonne foi, lorsque le possesseur a ignoré la cause de nullité de l'acte translatif et cela, soit qu'il s'agisse de l'acquisition des fruits, soit qu'il s'agisse de la prescription de dix et vingt ans.

83. Quelques auteurs vont encore plus loin et distinguent les hypothèses prévues par les articles 549 et 550, et celles qui sont prévues par l'article 2265 (1).

Lorsqu'il s'agit de l'acquisition des fruits, disent-ils, il est vrai que la loi exige du possesseur qui se prétend de bonne foi l'ignorance de tous les vices de son titre (arg., art. 550, al. 2). Même sur ce premier point d'ailleurs, ils admettent une dérogation à la règle qu'ils viennent de poser. Ils admettent en effet que le possesseur peut être de bonne foi, même pour l'acquisition des fruits, quand bien même il aurait connu les vices de son titre, lorsqu'il a eu des motifs plausibles de croire que la nullité serait couverte par la confirmation (2). C'est d'ailleurs la théorie adoptée par la jurisprudence.

Mais à part ce cas exceptionnel on exige pour l'acquisition des fruits par le possesseur une bonne foi absolue chez celui-ci, une ignorance complète de *tous* les vices de son titre, sans exception. A cette seule condition on admet qu'il a l'*animus domini* suffisant pour fonder la possession de bonne foi.

1. En ce sens, d'Argentré sur l'art. 266 de la *coutume de Bretagne*. Duranton XXI. 384 et s. ; Zachariæ, § 217, texte et note 16 ; Aubry et Rau, II, § 218, p. 381, texte et note 24. *Contrà*. Troplong, II, 917 à 922 ; Taulier, VII, p. 486 et 487 ; Marcadé. art. 2265 n° 4.

2. Aubry et Rau, II, § 205, p. 269.

84. Mais en matière de prescription de dix et vingt ans, il n'en est pas de même, disent ces mêmes auteurs. L'usucapion ne doit avoir pour effet, disent-ils, que de couvrir à l'encontre du véritable propriétaire le vice consistant en ce que l'acte translatif émane d'un autre que lui. Il est donc naturel de se contenter dans ce cas d'une bonne foi simplement relative, c'est-à-dire qui n'existe que par rapport au propriétaire.

D'autre part, ajoutent ces mêmes auteurs, le possesseur, tout en sachant le titre entaché d'une nullité relative, a fort bien pu avoir l'*animus domini*, tout en prévoyant l'éventualité de l'action en nullité, action, qui d'ailleurs pouvait être écartée, soit par la confirmation, soit par la prescription de l'action elle-même.

85. Tout en reconnaissant que ces raisons ne sont pas sans valeur, nous ne pouvons cependant admettre la distinction qu'on nous propose entre la bonne foi lorsqu'il s'agit de l'acquisition des fruits, qui serait absolue dans ce cas, et la bonne foi relative qui serait suffisante pour fonder la prescription de dix et vingt ans.

Nous ne connaissons que la bonne foi, tout simplement, fait positif consistant en la croyance ferme et entière que l'on est titulaire du droit que l'on exerce ; or cette croyance n'existe pas entière dans la théorie qu'on nous propose (1).

1. Marcadé, *loc. cit.* Troplong, *Prescript.* II, 914 et s. ; Taulier VII, 486-487. V. en sens contraire : d'Argentré, sur l'art.

La distinction dont on nous parle n'est écrite nulle part dans la loi et il n'appartient pas à l'interprète de suppléer au silence du législateur.

Nos adversaires nous reprochent surtout d'invoquer à l'appui de notre manière de voir des textes romains relatifs aux ventes faites par des pupilles ou d'autres incapables, textes qui ne prouveraient rien, par ce motif que dans la législation romaine les ventes faites par ces personnes sans les formalités requises n'étaient pas seulement annulables, mais bien inexistantes. La tradition ne transférait pas alors-la propriété, et l'acquéreur ne pouvait, en conséquence à aucun point de vue avoir l'*animus domini* et par conséquent usucaper (1). On nous cite alors d'autres textes qui établissent que les Romains expriment nettement l'idée que la bonne foi consiste dans la croyance que la chose a été transmise par celui qui en était propriétaire (2).

Sans entrer dans une discussion approfondie de ces textes, et tout en reconnaissant que M. Troplong a peut-être, dans la chaleur du débat, commis des erreurs d'interprétation, nous nous plaçons, nous, uniquement sur le terrain des véritables principes de l'interprétation, qui consistent à ne voir de dis-

226 de *la Coutume de Bretagne*. Dunod, part. I, chap. VIII, p. 48 ; Duranton XXI, 384-385, Aubry et Rau, II, § 218, p. 382, texte et note 24.

1. L. 26 et 27, D. *de cont. emt.* (18, 1) ; L. 12 ; D. *de usurp. et usuc.* (41, 3) ; L. 2 § 15 ; D. *pro emt.* (41, 4).

2. Gaius, com. II, 4, *Præ. Inst. de usuc.* (2, 6). L. 27. D. *de cont. emt.* (18, 1).

positions exceptionnelles dans la loi, que lorsqu'elles
y ont été formellement introduites par le législateur. Or, nous le répétons, rien dans l'esprit, ni
dans la lettre des textes, ne nous autorise à conclure à une conception spéciale de la bonne foi de
la part du législateur, en ce qui concerne l'usucapion de dix et vingt ans.

86. Nous avons supposé jusqu'à présent que
c'était le titre translatif dans lequel le possesseur
de bonne foi est partie au contrat qui était entaché
d'une nullité. Que faut-il décider maintenant si
c'est le titre de l'auteur qui est lui-même entaché
d'une nullité.

A notre avis, il faut décider, et nous nous con-
formons en cela aux principes que nous avons posés
dès le début de notre étude, que le possesseur n'a
pas la bonne foi s'il a connu les vices du titre de
son auteur. L'auteur, en effet, n'a qu'une propriété annulable ; c'est seulement cette propriété
qu'il a pu transmettre au possesseur, au su de
celui-ci. Le possesseur n'a donc pas pu avoir l'*animus domini*.

86 *bis*. Que faut-il décider si le titre de l'auteur
est sujet à résolution ? — La cause la plus habi-
tuelle de résolution est le défaut de paiement du
prix, dans la vente. Tous les auteurs sont à peu
près d'accord pour admettre que, s'il est vrai que
le droit de demander la résolution de la vente soit

d'une chose mobilière, soit d'un immeuble ne se prescrit que par trente ans tant que la chose reste entre les mains de l'acheteur, il faut décider en revanche qu'en cas de nouvelle aliénation ce droit peut être également exercé contre un tiers acquéreur de mauvaise foi. Mais il s'éteint au profit de l'acquéreur de bonne foi par le fait même de la livraison lorsqu'il s'agit d'une chose mobilière corporelle (1), et par l'usucapion de dix et vingt ans lorsqu'il s'agit d'un immeuble (2).

Mais suffit-il pour que le possesseur soit de mauvaise foi que le contrat porte que le prix n'a point été payé? La jurisprudence, on le comprend, ne contient sur ce point, que des décisions basées sur des considérations de fait; tout dépend des circonstances et c'est là une question que le juge tranchera librement suivant sa conscience. La question présente d'ailleurs un intérêt plus pratique que théorique; aussi nous ne nous y arrêtons pas davantage.

1. Caen, 21 avril 1841, Sir. 41. 2, 433.

2. Duranton, XVI, 363; Troplong. Vente, II, 662. *Prescript*, II, 797; Demolombe, XXV, 565, Zachariæ, § 356, note 10; Aubry et Rau, § 356, p. 405, note 62. Toulouse, 13 août 1827, Sir. 29. 2. 81; Grenoble, 4 août 1831, Sir. 32, 2, 400, *Contrà*: Paris, 4 déc. 1826, Sir. 27. 2. 74; Agen, 28 août 1841, Sir. 42. 2. 119.

§ 2. — *Vices de forme.*

87. *Article 2267. — Le titre nul par défaut de forme, ne peut servir de base à la prescription de dix et vingt ans.*

Telle est la disposition que nous nous disposons à analyser maintenant.

Quel est exactement le champ d'application de ce texte ? de quel genre de nullités veut-il parler ? S'applique-t-il par analogie, malgré sa place, au titre de la prescription, à la matière de l'acquisition des fruits ? Autant de questions que nous ne pouvons laisser sans réponses.

Et d'abord qu'entend le législateur par l'expression « nul par défaut de forme » ? A notre avis il s'agit ici des formes solennelles que la loi exige dans certains actes comme une condition substantielle pour l'existence même de l'acte (1) ; par exemple dans les donations et dans les testaments. Pour les donations, nous avons déjà un texte formel, l'article 1139 qui nous apprend que la donation nulle en la forme ne peut être confirmée et doit être refaite en la forme légale.

Dans le cas en effet où les formes sont requises par la loi pour l'existence même de l'acte on peut dire qu'il n'y a pas de juste titre lorsque lesdites formes n'ont point été observées. C'est cette observation qui nous a permis jadis d'argumenter *a for-*

1. En ce sens, Laurent, XXXII, p. 412 *in fine.*

tiori de la disposition de l'article 2267 pour
repousser comme base d'une possession de bonne
foi le titre inexistant ou nul de nullité absolue (1).
Ceux qui prétendent que l'erreur de droit n'est
jamais dans notre droit constitutive de la bonne foi
donnent de la disposition de l'article 2267 une autre
raison : Si la loi, disent-ils, ne veut pas que le titre
nul par défaut de forme serve de base à la prescription de dix et vingt ans, c'est que le possesseur n'a
pu ignorer la loi et par conséquent la nullité du
titre : il n'a donc pas pu être de bonne foi (2). A
cette argumentation il faut simplement répondre
que le législateur aurait exprimé sa pensée dans une
forme au moins sybilline, alors que partout ailleurs il semble ne faire aucune distinction entre
l'erreur de droit et l'erreur de fait (3).

88. En matière de donations une difficulté naît
de la disposition de l'article 1340 du Code civil, qui
déclare que les héritiers du donateur peuvent vala-
blement confirmer la donation nulle en la forme,
en l'exécutant. Ce qui signifie, qu'à l'égard des
héritiers du donateur, la donation est simplement
nulle au lieu d'être inexistante. La donation nulle
en la forme ainsi confirmée par les héritiers consti-
tue-t-elle un juste titre ?

Nous le pensons. En effet après la confirmation

1. **V**. *suprà* n° 80.
2. Troplong. *Prescript.* II, p. 500.
3. **V**. *suprà*, n°ˢ 43 et s.

par les héritiers nous sommes en présence d'un acte parfaitement valable en tant que donation. C'est donc bien un juste titre pouvant servir de base à la possession de bonne foi.

On oppose il est vrai à cette opinion le texte de l'article 1338 qui dispose que la confirmation ne peut pas préjudicier aux droits des tiers (1338 *in fine*). Donc, conclut-on, de cette disposition, la confirmation de la donation primitivement nulle en la forme par les héritiers du donateur ne peut pas nuire au propriétaire revendiquant. Il y a dans cette argumentation une véritable confusion.

Les tiers dont il est question dans le texte de l'article 1338 sont les personnes qui ont acquis un droit sur la chose, qui fait l'objet de la donation, en *vertu de l'acte nul* qui est l'objet de la confirmation. Tout démontre que c'est bien de ces personnes que la loi veut assurer la protection. Or, le droit du propriétaire revendiquant ne résulte pas de la donation ; il lui est antérieur et la donation n'est pour lui qu'une *res inter alios acta*. Nous admettons donc que la donation nulle en la forme, mais confirmée par les héritiers du donateur constitue un juste titre (1).

89. Une difficulté du même genre se présente pour les legs au cas où le testament est nul en la

1. En ce sens : Troplong. *Prescript.* II, p. 501, Laurent, XXXII, p. 414. Zachariæ, § 217. *Contrà* : Duranton, XXI, 379 et 380 ; Aubry et Rau, II, § 218, p. 378, texte et note 8.

forme. Il faut supposer que le legs a été exécuté et que le légataire a été mis en possession par l'héritier. Doit-on dans ce cas appliquer par analogie la disposition de l'article 1340 ?

Nous ne pensons pas que l'interprète ait le droit d'étendre d'un cas à un autre semblable la disposition exceptionnelle dont il s'agit, et nous en concluons que le legs même exécuté n'est jamais un juste titre, lorsque le testament est nul.

Il est vrai que la tradition est en sens contraire de notre opinion. Pothier (1) nous apprend en effet que dans l'ancien Droit, on admettait que dans ce cas le legs formait juste titre. Malgré l'autorité de Pothier nous préférons nous en tenir aux véritables principes de l'interprétation des textes, nous séparant sur ce point d'ailleurs des autorités que nous avons invoquées tout à l'heure lorsqu'il s'agissait des donations confirmées par les héritiers du donateur.

90. L'article 2267 a-t-il seulement eu en vue les formes requises pour l'existence même de l'acte juridique, les formes solennelles ?

C'est ici qu'il faut se garder de faire une confusion que le législateur a d'ailleurs pris soin d'éviter. Dans son article 2267, il ne parle pas d'*acte*, mais bien de *titre*, c'est-à-dire du *fait juridique* par lequel la propriété est transférée. Or le *titre* n'est nul par défaut des formes requises que dans les

1. *Prescription* n° 88.

contrats solennels ou dans les testaments. Mais la nullité de l'acte n'entraîne pas la nullité du titre. La première de ces nullités, celle de l'acte, n'empêche que la *preuve* du fait juridique ; mais il restera au possesseur la ressource de faire la preuve de son titre, le cas échéant, par les autres moyens de preuve que la loi peut mettre à sa disposition.

91. Une difficulté se présente lorsque l'on a traité avec un mineur ou un interdit sans observer les formalités que la loi exige pour la protection de ces incapables. Doit-on dire dans ce cas qu'il n'y a pas de titre vis-à-vis du propriétaire revendiquant ? (1) Telle n'est pas notre opinion. En effet, tant que le mineur ne demandera pas la nullité de l'acte passé sans les formes requises, celui-ci vaudra comme titre translatif ; il en serait de même *a fortiori*, en cas de confirmation par le mineur devenu majeur. Autrement dit, il s'agit là d'une nullité de forme *relative*, qui, de ce fait, ne peut être invoquée que par les personnes en faveur desquelles elle a été édictée.

En réalité, nous avons déjà, en d'autres termes, soulevé et déjà résolu la question par l'affirmative, en admettant comme justes titres, des titres viciés d'une nullité relative tenant à l'incapacité de l'une des parties (2).

1. Troplong, *Prescript.*, II, p. 502 ; Aubry et Rau, II, § 218, p. 378, texte et note 10 ; Laurent, XXXII, p. 415.

2. V. *suprà*, nᵒˢ 81 et s.

92. La jurisprudence n'a pas toujours évité la confusion que nous avons signalée, et nombre de ces
dispositions en cette matière des vices de forme
portent la trace du peu de cohésion de ses principes
à cet égard. C'est ainsi qu'il a été jugé que l'on ne
pouvait considérer comme un juste titre une expé-
dition d'un acte notarié dont la minute n'était signée
ni par le vendeur ni par les témoins (1). C'est faire
une confusion grossière entre la preuve du titre et
le titre lui-même : de ce que *l'acte* servant à la
preuve est nul pour vice de forme il ne s'ensuit
nullement que le *titre* soit nul.

Il a été jugé aussi que la vente des biens d'un
mineur, faite sans les formalités prescrites par la
loi, ne constitue pas un juste titre pour l'acquéreur
vis-à-vis du propriétaire revendiquant (2). C'est
encore là une décision que nous ne pouvons approu-
ver parce qu'elle est contraire aux principes que
nous venons d'établir en ce qui concerne les nullités de formes relatives.

Rappelons, toutefois, en terminant nos explications sur ce point que la question de l'existence de
la bonne foi chez le possesseur est une question
distincte de celle qui se pose à propos des vices du
titre. Il est évident, et nous avons établi ce point
en principe au début même de notre étude, que si
le possesseur a connu les vices de fond ou de forme
qui entachaient le contrat il n'a pas pu avoir l'*ani-*

1. Angers, 19 mars 1825 (Dalloz. *Prescript.* n° 900, 2°).
2. Cassat., 1ᵉʳ floréal an V (Dalloz. *Prescript.* n° 900, 1°).

mus domini, et cela aussi bien en matière de prescription de dix et vingt ans qu'en matière d'acquisition des fruits.

93. A ce propos il nous reste à examiner la question de savoir si la disposition de l'article 2267 s'applique en matière d'acquisition des fruits ? Les auteurs soutiennent presque unanimement que cette disposition est spéciale à la prescription de dix et vingt ans (1). La raison qu'ils nous donnent de leur opinion est, qu'en matière d'acquisition des fruits, le titre n'est pas exigé comme une condition distincte de la bonne foi alors qu'il en est autrement en matière de prescription. Nous avons déjà combattu, ailleurs, cette théorie alors qu'elle se présentait sous un autre aspect (2).

Remarquons, tout d'abord, que s'il s'agit de formes qui sont nécessaires à l'existence même de l'acte, l'absence de ces formes détermine l'inexistence du titre ; or, nous avons repoussé la théorie qui admet le titre putatif ou inexistant pour servir de base à la possession de bonne foi qui donne droit aux fruits. Quant aux nullités de forme simplement relatives nous admettons que, soit pour l'acquisition des fruits, soit pour la prescription, elles ne rendent pas le titre inefficace. C'est ainsi qu'en nous

1. Troplong, *Prescript.*, II, p. 503 ; Demolombe, IX, n° 608, p. 517 ; Aubry et Rau, II, § 205, p. 269, texte et note 11. Voyez cependant dans notre sens. Laurent, VI, n° 211. p. 282.

2. V. *suprà*, n°ˢ 52 et s.

conformant simplement aux principes que nous avons énoncés précédemment, nous en arrivons à voir dans l'article 2267 une disposition d'une nature générale applicable en toutes matières de possession de bonne foi.

Nous n'ignorons pas qu'en concluant ainsi nous nous séparons de la majorité des auteurs et de la jurisprudence. On nous objecte que l'article 550 parle de *vices* en général et au pluriel, sans distinguer entre les vices de fond et les vices de forme ; tandis qu'au titre de la prescription le législateur a édicté une disposition spéciale pour proscrire les vices de forme. Ce qui prouve bien, dit-on, que le titre affecté de pareils vices n'est pas considéré, par le législateur, comme inefficace pour l'acquisition des fruits.

Toute la question est de savoir ce que le législateur entend par vices dans l'article 550. Pour nous, il s'agit là simplement des nullités relatives qui peuvent affecter l'acte translatif et coexister avec le défaut de propriété chez le vendeur. Ce qui explique le pluriel mis au mot vices dans le texte. Mais nous le répétons, à notre sens, le titre inexistant, pour défaut des formes prescrites ou autrement, ne constitue pas un titre ; c'est le néant, qui ne peut avoir aucun effet juridique.

94. De la distinction que nous avons faite entre le titre, fait juridique, et l'acte, l'instrumentum, simple moyen de preuve, il faut en conclure que la connaissance chez le possesseur des vices dont peut être affecté l'*instrumentum*, ne vicie pas sa bonne foi, lorsqu'il a cru d'ailleurs son *titre* valable.

C'est ainsi que celui qui a acheté une chose, en croyant que cette chose appartenait au vendeur, a un juste titre et la bonne foi vis-à-vis du véritable propriétaire de la chose, même si l'acte de vente n'a pas été fait double conformément aux prescriptions de l'article 1325 ; et cela est vrai, même si l'acheteur a connu le vice de forme qui affectait l'instrumentum, à condition, bien entendu, qu'il ait ignoré le vice du titre, c'est-à-dire, le défaut de propriété chez le vendeur (1).

95. Tout en admettant la distinction que nous faisons ici, entre les vices du titre et ceux de l'instrumentum, en matière de prescription de dix et vingt ans, certains auteurs refusent de l'admettre lorsqu'il s'agit de l'acquisition des fruits par le possesseur (2).

Ils se fondent sur les termes de l'article 550 qui exige, disent-ils, l'ignorance chez le possesseur de *tous* les vices du titre. Ces auteurs font, ici encore, une véritable confusion entre le titre et l'acte, confusion que nous avons déjà relevée à propos des décisions de la jurisprudence que nous avons rapportées plus haut.

1. Taulier, II, p. 807 ; Aubry et Rau, § 218, p. 379, 380.
2. Demolombe, IX, p. 518.

96. Il faut cependant remarquer que les vices de l'instrumentum pourraient présenter un certain intérêt dans le débat qui s'élève entre le possesseur de bonne foi et le propriétaire revendiquant.

C'est ainsi qu'il faut décider que l'acte sous seings privés, constatant le titre, n'est opposable au propriétaire revendiquant que du jour où il a acquis date certaine, conformément à l'article 1328, le propriétaire étant évidemment l'un des tiers dont il est parlé dans ce texte (1).

1. Alger, 15 nov. 1890 ; D. 91, 5, 405.

CHAPITRE III

Section I. — Des personnes qui retirent un avantage de leur bonne foi

97. Nous touchons ici à l'un des points les plus importants, et les plus délicats en même temps, de la théorie générale de la bonne foi légale que nous avons entreprise.

En effet, en déterminant d'une façon précise les personnes que le législateur a autorisées à se prévaloir de leur bonne foi pour en retirer quelque avantage, nous déterminerons par là même, d'une façon très nette, les limites dans lesquelles nous avons entendu nous mouvoir dans le cours de notre étude.

Nous venons d'étudier en détails les conditions d'existence de la possession de bonne foi en matière immobilière, conformément aux dispositions des articles 550 et 2265. Il nous faut rechercher maintenant si le possesseur de biens immobiliers peut seul se prévaloir de sa bonne foi aux yeux du législateur. Si, d'autre part, le législateur n'a pas étendu les avantages qu'il concédait au possesseur immobilier de bonne foi à d'autres personnes, même en l'absence de toute question de bonne foi. Il nous faut rechercher, enfin, si le possesseur ne peut pas, dans certaines conditions, se prévaloir, pour acquérir les avantages que le législateur accorde à celui qui est de bonne foi, de la bonne foi d'une autre personne que lui-même. C'est ainsi que nous serons amenés à examiner successivement l'influence de la bonne foi sur la possession mobilière, les hypothèses d'acquisitions de fruits que consacre la loi dans diverses circonstances et leurs rapports avec la disposition de l'article 549, l'importante matière de l'influence de la jonction des possessions sur la bonne foi du possesseur, et les acquisitions faites par un mandataire.

§ 1. *De la bonne foi en matière de possession de meubles.*

98. *Art. 2279. « En fait de meubles la possession*
« vaut titre.
« Néanmoins celui qui a perdu ou auquel il a été
« volé une chose, peut la revendiquer pendant trois
« ans, à compter du jour de la perte ou du vol, con-
« tre celui dans les mains duquel il la trouve ; sauf à

« *celui-ci son recours contre celui duquel il la*
« *tient* ».

Art. 2280. « *Si le possesseur actuel de la chose*
« *volée ou perdue l'a achetée dans une foire ou*
« *dans un marché, ou dans une vente publique,*
« *ou d'un marchand vendant des choses pareilles,*
« *le propriétaire originaire ne peut se la faire ren-*
« *dre qu'en remboursant au possesseur le prix qu'elle*
« *lui a coûté* ».

Tels sont les textes fondamentaux de la matière.
Quelle est l'origine de ces textes ? Sont-ils issus du
Droit romain, ou bien sont-ils originaires de la terre
des Francs ? Il importe beaucoup de faire leur histoire, car à cette condition seule, nous pourrons tirer
quelque profit de leur examen.

99. Nous trouvons pour la première fois des dispositions de cette nature dans les lois des Francs
Ripuaires et des Francs Saliens (1). Le Droit romain
avait établi en matière de meubles des principes
autres que ceux qui sont édictés par les articles
2279 et 2280 : les meubles étaient prescrits par une
possession de trois ans.

Postérieurement aux lois des Francs, les établissements de St-Louis, (2) et le Miroir de Saxe (3)
reproduisent les mêmes dispositions, d'où il résultait que celui qui s'était volontairement dessaisi

1. *Loi Ripuaire*, tit. 35 ; *Loi Salique*, tit. 39, et 49.
2. Liv. II, chap. 91 ; Liv. II, chap. 17.
3. II, 36 et 60.

d'une chose mobilière n'avait qu'une action personnelle en restitution contre la personne à laquelle il l'avait remise, sans pouvoir la revendiquer entre les mains du tiers possesseur. Dès cette époque donc le principe semble bien établi que le fait de la seule possession constitue un titre suffisant en matière mobilière, pour faire acquérir la propriété au tiers acquéreur tout au moins.

Comment se fait-il que ce principe subit par la suite une éclipse temporaire ? Il faut attribuer sans doute ce phénomène juridique à l'influence croissante du Droit romain dans les temps postérieurs, et à la pénétration dans notre législation coutumière de la distinction très nette que l'on faisait à Rome entre la possession et la propriété.

Grâce à cette influence nous voyons un certain nombre de Coutumes qui supposent la revendication possible jusqu'à l'accomplissement de la prescription du meuble. Certaines d'entre elles n'exigeaient que la prescription triennale ; d'autres exigeaient pour les meubles les mêmes délais de prescription que pour les immeubles. D'autres coutumes enfin, la Coutume de Paris (1) par exemple, ne s'expliquaient pas sur la question de la durée de la prescription des meubles. Pothier était d'avis que dans les coutumes muettes, c'était la prescription de trois ans qu'il fallait adopter, sous peine d'arriver à cette inconséquence d'exiger

1. Art. 118.

pour la prescription des meubles un temps plus long que pour la prescription des immeubles. Il **avoue** d'ailleurs lui-même que la question était « très problématique » (1).

100. Toutefois dans les coutumes même qui avaient rejeté les anciens principes, ceux-ci laissèrent des traces en ce sens que la complainte possessoire n'était pas reçue en fait de meubles, et d'autre part dans la règle que « les meubles n'ont pas de suite par hypothèque » (2).

C'est par extension de ces deux règles, consacrées par une jurisprudence constante, qu'on en vint peu à peu à considérer la possession des meubles comme n'étant plus garantie comme *possession*, mais comme *propriété*. Ainsi Pothier dit déjà « qu'il est « rare qu'il y ait lieu à la prescription des meubles, « le *possesseur d'un meuble étant présumé* « *propriétaire*, sans qu'il soit besoin de recourir « à la prescription » (3).

Nous lisons d'autre part dans Denisart (4) : Nous tenons au Châtelet pour chose certaine que celui qui est en possession de meubles, en est réputé propriétaire s'il n'y a titre contraire ». Enfin Bourjon est encore plus précis à cet égard quand il dit :

1. Pothier, *De la Prescript*, n° 202.
2. Legrand, sur l'art. 72, de la *Coutume de Troyes* ; Loisel, *Inst. coutum.* L. III, tit. VII, règle 5 ; L. V, tit. IV, règle 15.
3. Pothier, *Commentaire sur la coutume d'Orléans*, Introd. au titre XIV, n° 4.
4. Collect. de jurispr. *Prescript.* n° 40.

« En matière de meubles la possession vaut titre de propriété (1). »

En présence de ces expressions si énergiques il nous faut admettre que cet auteur établissait au profit du possesseur une présomption en vertu de laquelle il était considéré comme propriétaire d'une manière absolue tant par rapport au revendiquant qu'à l'égard des tiers. Le titre était présumé, et cette présomption suffisait alors pour écarter l'action en revendication.

101. Telle était la théorie de l'ancien Droit sur la matière dans son dernier état.

Le législateur de 1804 n'a fait en somme que reproduire cette théorie, consacrée déjà par la Jurisprudence du Châtelet, d'après les témoignages de Denisart et de Bourjon.

C'est ce qui fait que Bigot-Préameneu, dans son exposé des motifs pouvait s'exprimer ainsi au sujet de la règle de l'article 2279 : « Dans le Droit français « on n'a point admis à l'égard des meubles une « action possessoire distincte de celle de la pro- « priété ; on y a même regardé le seul fait de la « possession comme un titre ; on n'en a pas ordi- « nairement d'autres pour les choses mobilières. « Il est d'ailleurs le plus souvent impossible d'en « constater l'identité et de les suivre dans leur cir- « culation de main en main. Il faut éviter des pro- « cédures qui seraient sans nombre, et qui, le plus

1. Liv. II, tit. I, chap. VI, n° 1.

« souvent excèderaient la valeur des objets de la
« contestation. » (1).

102. En résumé, il résulte des quelques notions
historiques qui précèdent que le véritable sens de
la règle « en fait de meubles possession vaut titre »
équivaut à dire que la revendication est interdite en
matière mobilière. Ce résultat auquel nous arrivons
en consultant les origines de l'article 2279 est d'ailleurs corroboré par la lecture de ce texte. Après
avoir posé en effet dans sa première partie une règle générale, le texte y déroge ensuite dans un cas
exceptionnel, celui où la chose a été perdue ou
volée. Or que dit-il dans ce cas ? Il dit que le propriétaire de la chose pourra la *revendiquer* pendant trois ans, ce qui démontre bien que dans tous
les autres cas, hors ceux de vol ou de perte, la revendication du meuble est interdite.

103. Il résulte de cette observation que la règle
de l'article 2279 ne s'applique pas aux universalités
mobilières. En effet, en matière de succession, l'objet du débat n'est pas de savoir celui qui est propriétaire, mais celui qui est héritier. Autrement
dit, on ne revendique pas une succession, et la
règle de l'article 2279 ne peut être opposée qu'à
celui qui revendique.

Cette même observation s'applique aux meubles
incorporels, aux créances ; il faudrait décider cepen-

1. Locré, lég. XVI, p. 586, n° 45.

dant en sens contraire en ce qui concerne les titres
au porteur (1).

104. Il résulte encore du principe que nous avons
posé sur la signification de la règle de l'article 2279,
qu'elle est inapplicable toutes fois que le possesseur
d'un meuble est attaqué par une action personnelle
en restitution, par exemple s'il s'agit d'un déposi-
taire ou d'un emprunteur, recherché par l'action
personnelle née du dépôt ou du mandat. Il en est de
même *a fortiori* pour le voleur poursuivi par le
propriétaire de la chose volée par l'action personnelle née du vol.

105. Quel est maintenant le fondement juridique
de la règle de l'article 2279 ? C'est ici que les auteurs
cessent d'être d'accord, et que nous rentrons d'une
façon plus directe dans notre sujet qui consiste à
rechercher la participation de l'élément de la bonne
foi en matière de possession mobilière.

Il ne nous est point permis cependant d'entrer
ici dans le détail des controverses aussi intéressantes
que variées qu'a suscitées cette difficile question de
principes. Discuter une à une les opinions qui ont
été émises, examiner les systèmes proposés, serait
une étude qui nous entraînerait bien loin des limites
que nous nous sommes tracées. C'est à un point de
vue spécial, ne l'oublions pas, que nous étudions l'ar-

1. V. pour les motifs de cette décision. Pau, 6 avril 1886 ;
Sir. 88, 2, 14.

ticle 2279 : celui de la bonne foi du possesseur, et il nous paraît sage de nous limiter à l'exposé des controverses seulement en ce qu'elles touchent l'objet spécial qui fait la matière de nos recherches.

106. Nous ne parlons tout d'abord que pour mémoire du système exposé par M. Toullier qui ne voit dans l'article 2279 qu'une simple présomption de propriété cédant à la preuve contraire, et exigeant pour l'acquisition de la propriété par le possesseur une prescription de trois années(1). Véritable modèle de paradoxe juridique, ce système est unanimement rejeté par la doctrine, et dans ces conditions, il nous est difficile d'en tenir, nous-mêmes, un compte sérieux. Disons cependant que M. Toullier exige la bonne foi chez le possesseur comme la condition indispensable de la prescription de trois ans.

Ce premier système écarté, les auteurs sont cependant loin d'être d'accord. Tandis que Troplong (2) soutient qu'il ne s'agit, dans l'article 2279, que d'une application extensive de l'ancienne règle, que les meubles n'ont pas de suite par hypothèque ; d'autres, comme Marcadé, Delvincourt, Zachariæ et Laurent (3), soutiennent qu'il s'agit dans cet article d'une *prescription instantanée,* en induisant sur-

1. Toullier, XIV, 114 à 119,

2. Troplong, *Prescript.* II, n° 1061.

3. Marcadé, sur les art. 2279 et 2280 ; Delvincourt, I, part. II, p. 644; Zachariæ, § 215 et note 6 ; Laurent, XXXII, n° 553, p. 574 ; V. aussi Req. rej. 22 mai 1824 ; Sir. 1, 116.

tout de la place de l'article 2279 au titre de la prescription, sans considérer d'ailleurs l'anomalie étrange des termes mêmes de l'expression qu'ils emploient. Et même parmi les auteurs qui admettent la théorie de la prescription instantanée, tous sont loin d'être d'accord sur les conditions qu'exige le législateur pour l'accomplissement de cette prescription, si prescription il y a. Les uns estiment que la bonne foi doit toujours exister chez le possesseur et argumentent principalement des termes de l'article 1141 du Code civil qui dispose que si une même chose a été vendue à deux personnes différentes, celle des deux qui a été mise en possession réelle de la chose est préférée, *pourvu toutefois que la possession soit de bonne foi*. D'autres, comme Zachariæ (1), soutiennent que la question de la bonne ou de la mauvaise foi du possesseur ne joue aucun rôle dans l'application de la règle de l'article 2279, al. 1. Sur la question du titre, le désaccord n'est pas moindre. Tandis que Marcadé, par exemple, exige un juste titre dans tous les cas ; Troplong et Laurent, d'autre part, voient dans la disposition de l'article 2279 l'affirmation très nette, de la part du législateur, que la possession tient lieu de titre. A cette dernière manière de voir, on objecte que si le possesseur n'a pas de *justa causa*, il ne peut avoir la bonne foi, et que sans la bonne foi, l'article 2279 n'est pas applicable. Il faut répondre que dans l'hypothèse de l'article 2279 le législateur a voulu précisément que la

<hr>

1. Zachariæ, *op. cit.* ; Rauter, *Revue de législat.* 1836-1837.

possession tint lieu de titre, et que la question de bonne foi a été laissée à l'appréciation du juge.

107. Quelle est, parmi ces opinions si diverses, celle que nous devons adopter pour rechercher le rôle que joue en la matière l'état de bonne ou de mauvaise foi du possesseur ?

L'opinion que nous adopterons n'est pas celle de Zachariæ, qui prétend que la bonne foi ne joue aucun rôle dans la question ; ce n'est pas non plus celle qui fait de la bonne foi une condition indispensable de l'application de la maxime « en fait de meubles, possession vaut titre ». C'est ici que les notions historiques que nous avons rapportées vont nous être d'une certaine utilité pour éclairer les ténèbres épaisses de la matière. Pour nous, il résulte clairement de l'histoire de la rédaction de l'article 2279, que le législateur n'a eu pour but unique que d'empêcher la revendication des objets mobiliers ; et en présence des termes impératifs du texte, il faut décider, à notre sens, qu'il a voulu dans ce but que la possession tînt lieu de titre.

108. En ce qui concerne la bonne foi, il est évident qu'elle joue un rôle important dans l'exception à la règle que prévoit l'article 2279, al. 1, et l'article 2280, cas où la chose a été perdue ou volée.

Dans ce cas, le propriétaire revendiquant doit prouver que la chose était en sa possession au moment de la perte ou du vol ; si cependant le possesseur actuel de la chose volée ou perdue, nous dit l'article 2280, l'a achetée dans des circonstances qui établissent sa bonne foi par rapport au vol ou à la perte, le propriétaire ne peut se la faire rendre qu'en remboursant au possesseur le prix qu'elle lui a coûté. Mais le possesseur, même de bonne foi, qui n'aurait pas acheté la chose dans les conditions prévues par l'article 2280 n'aurait droit à aucune indemnité.

Dans le cas exceptionnel donc de perte ou de vol du meuble, la bonne foi du possesseur, résultant de certaines circonstances énumérées limitativement par le législateur, est appelée à jouer un rôle important dans le conflit qui s'élève entre le propriétaire et le possesseur.

109. Mais en dehors de ce cas exceptionnel, que faut-il décider?

Nous avons établi, en principe, au début même de cette partie de notre étude, que le but du législateur avait été de proscrire l'action en revendication en matière mobilière.

L'action que le propriétaire aura contre le possesseur sera donc toujours une action personnelle, reposant sur un rapport d'obligation personnelle. « Ce « qui prouvent au surplus, disent avec raison « MM. Aubry et Rau (1), que l'action compétant en « pareil cas au propriétaire, n'a pas le caractère « d'une action réelle, c'est que, d'une part, elle ne

1. V. ces auteurs II, § 183, p. 116, texte et note 29.

« suit pas la chose entre les mains d'un possesseur
« de bonne foi auquel le possesseur de mauvaise foi
« l'aurait transmise, et que, d'autre part, ce dernier
« reste, malgré cette transmission, soumis à une
« action en dommages-intérêts de la part du précé-
« dent possesseur. »

Il en résulte que s'il s'agit d'un tiers auquel le propriétaire a livré sa chose en vertu d'un contrat de prêt ou d'usage, ce propriétaire agira contre le tiers en vertu de l'action personnelle née du contrat, comme nous l'avons fait observer déjà.

Mais ce n'est point pour cette hypothèse qu'a été édictée la disposition de l'article 2279. On suppose évidemment dans cet article qu'il s'agit d'un véritable tiers, c'est-à-dire d'un ayant cause du premier possesseur. Quelle est donc l'importance qu'il y a à distinguer si ce tiers est ou non de bonne foi ?

Si le tiers possesseur a reçu la chose mobilière de mauvaise foi, c'est-à-dire s'il a su que son auteur était obligé à une restitution, soit en vertu d'un titre précaire, soit par l'effet d'un délit ou d'un quasi-délit, il ne pourra invoquer le bénéfice de la disposition de l'article 2279, al. 1, pour paralyser l'action en restitution qu'intentera contre lui le propriétaire, action fondée sur les dispositions des articles 1382 et 1383 du Code civil.

Le premier possesseur, en effet, à raison même de sa mauvaise foi et du délit de Droit criminel ou tout au moins de Droit civil dont il s'est rendu coupable envers le propriétaire, est soumis envers celui-ci à une obligation de restitution ou d'indemnité, et ne peut pas, pour se soustraire à l'action personnelle formée contre lui, en appeler à la disposition de l'article 2279.

C'est par la même raison que le second possesseur, lorsqu'il a reçu l'objet de mauvaise foi, est tenu de le restituer.

110. Une application remarquable de ces principes nous semble avoir été faite par le législateur dans l'article 1141 du Code civil. Le second acquéreur, quoique mis en possession réelle de l'objet, est tenu, s'il est de mauvaise foi, de le restituer au premier acquéreur qui est, lui, de bonne foi. C'est dans ce sens que nous interprétons ce texte sans qu'il nous paraisse nécessaire de faire intervenir ici l'idée de prescription.

111. En résumé nous admettons que l'article 2279 interdit la revendication des meubles contre le tiers possesseur, qu'il soit de bonne ou de mauvaise foi. Si toutefois il est de mauvaise foi, il reste soumis à une action en restitution fondée sur les articles 1382 et 1383. En cas de mauvaise foi du possesseur le propriétaire n'a donc contre lui qu'une action personnelle et non une action réelle portant sur la chose (1). Il s'ensuit que l'action en dommages-intérêts ne suit pas la chose entre les mains du possesseur de bonne foi qui l'a reçue lui-même

1. Aubry et Rau, *loc. cit.*

d'un possesseur de mauvaise foi, et que, d'autre part, ce dernier, même dans ce cas, reste soumis à une action en dommages-intérêts.

112. On voit par l'exposé qui précède que nous adoptons, entre ceux qui soutiennent que la bonne foi est indispensable chez le possesseur pour qu'il puisse invoquer la maxime de l'article 2279, et ceux qui prétendent que la bonne foi ne joue aucun rôle en cette matière, que nous adoptons, disons-nous, un système mixte, inauguré d'ailleurs par MM. Aubry et Rau, système qui nous paraît satisfaire autant aux exigences des traditions et des textes, qu'à celles des applications de la pratique. Parmi les partisans de la théorie qui exige la bonne foi pour l'application de l'article 2279, M. Laurent a beau déclarer « que la bonne foi est de l'essence de la « possession quand elle tient lieu de titre (1) », l'harmonie de cette déclaration ne nous empêche pas de voir tous les dangers qu'il y aurait à ruiner ainsi par la base la disposition bienfaisante pour les transactions de l'article 2279, et à ouvrir ainsi à l'arbitraire du juge un domaine sans limites, en lui permettant d'apprécier souverainement l'état de bonne ou de mauvaise foi chez le possesseur de meubles. D'ailleurs ne ressort-il pas, au contraire, formellement des dispositions de notre droit que les principes de la possession sont indépendants de l'état de bonne ou de mauvaise foi du possesseur? Il

1. Laurent, XXXII, 578.

suffit pour s'en convaincre de se reporter aux dispositions des articles relatifs à la prescription trentenaire, qui constitue bien le droit commun en cette matière.

§ 2. — A quelles personnes s'applique exactement la règle de l'article 549 relative à l'acquisition des fruits.

113. Quelle est la nature de la règle posée dans l'article 549 ? S'agit-il dans ce texte d'une règle générale applicable à tout possesseur qui doit restituer une chose par suite d'une demande formée contre lui ? Nous ne le pensons pas, et notre manière de voir résulte de l'examen des textes eux-mêmes. L'article 549 déclare en effet que le possesseur de mauvaise foi doit « rendre les produits avec la « chose au propriétaire *qui la revendique* ». D'ailleurs l'article 550 ne déclare-t-il pas formellement que le possesseur dont il s'agit est celui qui possède à titre de propriétaire. Enfin l'article 548 qui parle de *tiers* montre d'une façon précise qu'il s'agit, dans la pensée du législateur, de fixer des rapports entre des personnes qui ne sont liées par aucun lien de droit antérieur.

Comment se fait-il donc, qu'en présence de textes aussi précis et aussi clairs, certains auteurs et surtout la jurisprudence, aient cru devoir étendre ces dispositions à des cas où le possesseur délaisse l'immeuble à la suite d'une action personnelle dirigée contre lui? Lorsqu'il s'agit d'une action personnelle, en effet, il y a en présence d'une part un créancier, et d'autre part un débiteur, unis d'ailleurs par des rapports de droit antérieurs, et ce n'est point pour des hypothèses de cette sorte qu'ont été édictées les dispositions des articles 549 et 550 (1).

114. Supposons qu'un acte à titre onéreux ou à titre gratuit, ayant pour objet une chose productive de fruits, vienne à être annulé, et que le propriétaire de la chose en réclame le délaissement par celui à qui elle a été livrée. Nous décidons, quant à nous, que le possesseur devra rendre la chose et les fruits, sans qu'il y ait lieu de considérer s'il a été de bonne ou de mauvaise foi (2).

Les adversaires de cette doctrine raisonnent ainsi : l'annulation du contrat produit des effets rétroactifs et annule par conséquent dans le passé le droit de propriété de l'acheteur : il s'agit donc bien en l'espèce d'un possesseur qui se trouve en conflit avec un propriétaire qui revendique ; nous rentrons ainsi dans l'hypothèse prévue aux articles 549 et 550.

A cette argumentation il faut répondre qu'il y a possession à la vérité, mais possession sans titre, ce qui exclut l'application de l'article 549. Les parties sont simplement replacées dans la situation où

1. Laurent, VI, p. 313.
2. Aubry et Rau, § 206, texte et notes 2 et 3.

elles étaient avant le contrat. La question de bonne
ou de mauvaise foi de l'acheteur n'a donc aucun
rôle à jouer ici, et les fruits devront logiquement
être restitués avec la chose dans tous les cas.

115. On invoque encore, dans l'opinion adverse,
la disposition de l'article 1378, aux termes duquel,
en cas de paiement indû, celui qui a reçu le paiement, doit restituer les fruits du jour de ce paiement s'il est de mauvaise foi. On en conclut, par
a contrario, que celui qui a reçu le paiement de
bonne foi n'est pas obligé de restituer les fruits.

Mais c'est oublier, à notre sens, que le principe
de la restitution de l'indû est énoncé dans l'article
1376 qui déclare « que celui qui reçoit *par erreur*
« ou *sciemment* ce qui ne lui est pas dû, s'oblige
« à le restituer à celui de qui il l'a indûment reçu ».
Or ce texte, remarquons-le, ne distingue pas entre
le cas où le possesseur a reçu le paiement de bonne
foi et celui où il l'a reçu de mauvaise foi. Il est vrai
que la loi, ensuite, dans les dispositions des articles 1378 à 1380, se montre plus sévère pour celui
qui a reçu le paiement de mauvaise foi. Nous connaissons, en effet, la disposition du premier de ces
articles ; l'article 1379 décide en outre que, s'il y a
mauvaise foi chez celui qui a reçu la chose, et
qu'elle ait péri par cas fortuit, il sera tenu de
cette perte, et l'article suivant dispose, toujours
dans le même ordre d'idées, que si celui qui a reçu
la chose de bonne foi, l'a vendue, il ne devra resti-

tuer que le prix. Or il est de principe que le quasi-contrat de l'indû n'oblige celui qui a reçu de bonne foi qu'à la restitution de ce dont il s'est enrichi. Quant à celui qui est de mauvaise foi, la loi ne distingue pas s'il s'est enrichi ou non : c'est son *dol* qui l'oblige à réparer le préjudice qu'il a causé par sa mauvaise foi. C'est ce qui nous donne le véritable sens de la disposition de l'article 1378 et des textes qui le suivent. Mais il ne ressort nullement, à notre avis, de cet article que celui qui a reçu de bonne foi soit autorisé à faire les fruits siens.

En résumé, nous admettons que les deux possesseurs, celui de l'article 550 et celui de l'article 1378 invoquent leur bonne foi pour en retirer quelque avantage ; mais le premier gagne les fruits, et le second les restitue en tant qu'il s'est enrichi. Par contre, la situation du possesseur de mauvaise foi est semblable dans les deux cas : il doit subir toutes les conséquences de son dol, et restituer tous les fruits.

116. D'ailleurs il convient de remarquer que les dispositions des articles 1378 à 1380 sont d'une nature spéciale, et ont été édictées par le législateur dans des hypothèses toutes exceptionnelles, où la bonne foi est tout au moins appelée à jouer un rôle. Comment peuvent-ils dans ces conditions influer sur la question de restitution des fruits en cas d'annulation d'un contrat ? On ne peut, sans déroger, à notre avis, aux règles fondamentales de l'interprétation, argumenter de la disposition de l'article 1378 pour assimiler les hypothèses où le contrat est annulé avec la possession prévue et réglementée dans les articles 549 et 550.

La jurisprudence contient mainte décision contraire aux principes que nous venons d'énoncer (1).

L'une des espèces que nous citons ici, applique les dispositions des articles 549 et 550 au légataire possédant en vertu d'un testament faux, et il est décidé que la bonne foi étant présumée, le légataire aura droit aux fruits. A notre avis le légataire doit au contraire restituer les fruits, non pas, parce qu'il est de mauvaise foi, mais parce qu'aucun texte de loi ne lui donne droit de les faire siens ; les articles 549 et 550 exigeant des conditions d'application qui, en l'espèce, ne sont pas remplies (2).

117. On a soutenu aussi que les articles 549 et 550 devaient recevoir leur application au cas d'admission d'une action paulienne, ou d'une action en rescision de partage pour cause de lésion de plus du quart.

Nous repoussons de pareilles décisions comme contraires aux principes que nous venons d'énoncer. Un copartageant n'est pas un tiers détenteur ; les cohéritiers ne sont pas des propriétaires revendiquant. A notre avis, donc, les fruits doivent être

1. Cassat 24 fév. 1824 ; Dalloz, *Prescription*, n° 311, 1° ; Cassat. 7 août 1849 ; Dall., 51, 5, 287.
2. V. *Contrà*: Aubry et Rau, § 206, p. 267, notes 2 et 3.

remis à la masse lors du nouveau partage, et les cohéritiers même de bonne foi n'ont aucun droit à les conserver, leur prétention à cet égard ne pouvant s'appuyer, ni sur les articles 549 et 550, ni sur aucun autre texte (1).

118. La Cour de cassation est allée même, dans cette voie, jusqu'à appliquer les dispositions des articles 549 et 550 au cas d'annulations d une vente d'immeuble pour cause de lésion de plus des sept-douzièmes (2) ; alors que l'article 1682 se suffit parfaitement à lui-même et règle la question de l'attribution des fruits sans que la bonne ou la mauvaise foi joue ici aucun rôle (3). En présence de pareilles décisions, l'interprète peut en venir à douter des principes eux-mêmes.

119. Il faut décider de même à notre sens, c'est-à-dire que la bonne foi n'a aucune influence sur l'attribution des fruits, dans les hypothèses nombreuses prévues par les articles 856, 928, 958, 962 et 1005, dans lesquelles le législateur a accordé un droit aux fruits. Ce sont là, nous le répétons, des dispositions qui se suffisent à elles-mêmes, sans qu'il soit besoin de faire intervenir la règle de l'article 549. Dans ces différentes hypothèses le droit aux fruits peut être justifié comme une compensa-

1. En sens contraire : Orléans, 19 janvier 1839 (Dalloz, *Propriété*, n• 316).

2. Cassat. 15 décembre 1830, (Dalloz ; *Vente*, n° 1645).

3. Aubry et Rau, II, § 206 p. 268.

tion des charges d'administration que le possesseur a supportées.

120. Les articles 549 et 550 sont-ils applicables au cas de résolution d'un contrat par suite de l'effet d'une condition résolutoire expresse ou tacite ? (art. 954, 1184, 1654.)

Les conditions dont il s'agit ici anéantissent rétroactivement le titre. La jurisprudence admet dans ces hypothèses l'application de la règle de l'article 549 (1), et cependant, même les auteurs qui soutiennent que les articles 549 et 550 trouvent leur application au cas d'annulation d'un acte, reculent devant cette conséquence extrême de leur principe (2). A notre avis ils ont tort et manquent de logique. Les conditions d'application des articles 549 et 550 ne sont pas plus remplies en effet dans le cas d'annulation de l'acte que dans le cas de résolution.

MM. Aubry et Rau pour justifier leur décision exceptionnelle en matière de résolution déclarent que « la résolution d'un acte translatif de propriété opère « bien en général avec effet rétroactif, en ce sens « que l'acquéreur est à considérer, quant aux droits « réels qu'il aurait concédés sur la chose, comme « n'ayant jamais été propriétaire. Mais elle ne peut « faire disparaître rétroactivement le droit d'admi-

4. Cassat. 15 déc. 1862 ; Sir. 63, 1, 59.

5. Aubry et Rau, *loc. cit.* texte et note 4 ; Demolombe, IX, 609, *bis,* p. 523.

« nistration et de jouissance qui lui appartenait en
« vertu de son titre. En pareilles circonstances il ne
« saurait être question de restitution de fruits,
« mais seulement le cas échéant de dommages-
« intérêts ».

Ne vaut-il pas mieux dire tout simplement,
comme nous l'avons fait, qu'il n'y a pas lieu d'appliquer ici les articles 549 et 550, parce qu'il n'y a
pas de titre, ni de tiers possesseur (1).

§ 3. — De l'influence de la jonction des possessions sur la bonne
foi du possesseur.

121. Avant de traiter cette importante matière,
il est indispensable de poser en principe une distinction dont nous justifierons les termes par la
suite.

Il faut savoir en effet qu'en matière de prescrip·
tion de dix et vingt ans, la loi n'exige la bonne foi
que lors de l'*initium possessionis*, c'est-à-dire lors
de l'entrée en possession (arg., art. 2269), alors que

1. Laurent, VI, p. 320. Il s'agit de distinguer nettement la
question que nous étudions ici de l'application des articles,
549 et 550, au cas de résolution d'un acte, de celle que nous
avons examinée *suprà* n° 71, et qui était de savoir si le titre
affecté d'une condition résolutoire pouvait servir de base à
la possession de bonne foi. Dans ce dernier cas il s'agit d'un
conflit qui s'élève au sujet des fruits entre le possesseur et le
propriétaire, tandis qu'ici le conflit naît entre l'acquéreur et
le vendeur. Si nous admettons que le titre affecté d'une condition peut servir à l'acquisition des fruits lorsqu'il s'agit de
la possession de l'art. 550, il n'y a donc aucune contradiction de solutions entre cette première décision et celle que
nous établissons ici.

pour l'acquisition des fruits, le législateur exige une bonne foi persistante, c'est-à-dire contemporaine de toute nouvelle perception.

On comprend immédiatement que cette distinction doit influer inévitablement sur la question que nous étudions ici, et qui est celle de savoir dans quelle mesure la bonne foi d'un possesseur subit l'influence de la bonne ou de la mauvaise foi d'un précédent possesseur, à la possession duquel il succède. C'est pourquoi nous avons cru devoir diviser nos explications sur la matière suivant qu'elles s'appliquent à la prescription de dix et vingt ans, ou qu'elles ont trait à l'acquisition des fruits par le possesseur.

A) *Prescription de dix et vingt ans.*

122. La théorie de la jonction des possessions repose toute entière sur l'article 2235 du Code civil, qui est ainsi conçu :

« *Pour compléter la prescription, on peut joindre à* « *sa possession celle de son auteur, de quelque manière* « *qu'on lui ait succédé, soit à titre universel ou parti-* « *culier, soit à titre lucratif ou onéreux* ».

Comme on le voit, par la lecture de ce texte, le législateur n'a pas distingué le cas où l'ayant cause était à titre particulier de celui où il était à titre universel. Nous aurons néanmoins à examiner d'une façon spéciale chacune de ces deux situations.

Il faut remarquer tout d'abord que la question

que nous nous posons ici n'est pas celle simplement
de savoir si les deux possessions peuvent se joindre
dans les circonstances qu'indique l'article 2235. Notre
hypothèse est beaucoup plus complexe : nous supposons remplies les conditions exigées par la loi pour
la jonction des possessions, et nous recherchons
maintenant quelle est l'influence de la bonne ou de
la mauvaise foi de l'auteur sur la nature de la possession de l'ayant cause.

123. Il est bien évident que, quelles que soient
les solutions que nous donnerons par la suite, l'ayant
cause garde toujours le droit de ne pas se prévaloir
de la bonne foi de son auteur. Autrement dit, il conserve, quoi qu'il arrive, le droit de se prévaloir de
la prescription de trente ans, s'il y a intérèt, alors
mème qu'il pourrait invoquer en sa faveur la prescription de dix et vingt ans.

Pour éclaircir cette première proposition, prenons
une espèce : Primus succède à Secundus qui a possédé un immeuble pendant six ans ; Primus possède
à son tour un immeuble pendant quatre ans. Or, par
hypothèse, Secundus et Primus sont tous deux de
bonne foi. Primus, au bout de ses quatre années de
possession pourra-t-il invoquer la prescription de
l'article 2265 ? On comprend que dans cette espèce
la question de savoir si la bonne foi de Secundus re-
jaillit sur la possession de Primus ait quelque intérèt
pour ce dernier. L'hypothèse devient mème particulièrement difficile à résoudre si l'un des deux,

Primus ou Secundus, est de mauvaise foi. Car alors Primus pourra invoquer, suivant les cas, soit la prescription de dix et vingt ans, soit celle de trente ans. Mais encore faut-il qu'il ait intérêt à faire le choix, et qu'il ne soit pas plus profitable pour lui d'invoquer purement et simplement la prescription de trente ans.

Modifions en effet notre espèce : Supposons maintenant que Secundus ait possédé de mauvaise foi l'immeuble pendant vingt-deux ans. Il est bien certain que, dans ce cas, Primus n'a aucun intérêt à se prévaloir de sa propre bonne foi pour recommencer une nouvelle prescription de dix ans, puisque huit années lui suffisent, pour parfaire, en ajoutant sa possession à celle de son auteur, le délai de trente ans exigé par la loi.

Modifions encore les termes du problème. Secundus a possédé l'immeuble de bonne foi pendant huit années ; Primus possède ensuite de mauvaise foi. C'est dans ce cas que Primus aura un véritable intérêt à pouvoir invoquer la prescription de dix ans de préférence à celle de trente ans.

124. L'intérêt de la question étant ainsi délimité, tout le monde est d'accord pour décider que l'article 2235 s'est servi de termes trop compréhensifs.

En ce qui concerne, en effet, les successeurs universels, saisis ou non d'ailleurs, on ne peut pas dire qu'il y ait pour eux, à proprement parler, jonction

des possessions (1). Ils succèdent, même malgré
eux, à tous les droits de leur auteur, et la possession
continue pour eux sans que leur bonne ou mauvaise
foi puisse exercer quelque influence sur sa durée.
Si donc l'auteur était de mauvaise foi, ils ne pourront, malgré leur bonne foi, invoquer la prescription de dix et vingt ans ; s'il était de bonne foi au
contraire, leur mauvaise foi personnelle n'influera
en rien sur la durée du temps requis. Le principe
qu'en matière de prescription de dix et vingt ans le
moment de l'*initium possessionis* est seul à considérer au point de vue de la bonne foi, s'applique
donc dans toute sa simplicité lorsqu'il s'agit de l'ayant
cause à titre universel.

L'article 2237 du Code civil est une application directe de ce principe, d'ailleurs général. « *Les héri-*
« *tiers de ceux qui tenaient la chose à quelqu'un des*
« *titres désignés par l'article précédent (c'est-à-*
« *dire à titre précaire) ne peuvent non plus pres-*
« *crire* ».

C'est un principe général, disons-nous, en matière de
succession à titre universel. En effet, la règle admise
par l'article 2237 était déjà consacrée par le Droit
romain qui cependant n'a pas connu la saisine.
Tous les héritiers donc se trouvent placés sur le
même rang et même tous les successeurs, héritiers

1. Pothier, *Prescript.*, n° 118 ; Troplong, *Prescript.* II, p. 502 ;
Exposé des motifs par Bigot-Préameneu, Locré, Leg. XVI,
p. 565, n° 11 et 12 ; Aubry et Rau, II, § 181, p. 102. texte et
notes 11 et 12 ; Laurent XXXII, p. 376 et s.

ou autres se trouvent dans l'impossibilité de commencer dans leur personne une possession nouvelle purgée du vice qui affectait la possession de leur auteur, et *a fortiori*, de se prévaloir de leur bonne foi propre pour prescrire par dix et vingt ans en ajoutant à la leur la possession de leur auteur.

En résumé, s'il s'agit d'un successeur universel, il ne peut pas faire qu'il n'ait pas succédé à la possession de son auteur, vicieuse ou non, et il ne peut même pas recommencer à l'effet de prescrire par dix et vingt ans une nouvelle possession qui serait, elle, de bonne foi. En effet, sa possession n'est point nouvelle puisqu'elle se confond avec celle du défunt et les articles 2269 et 2265 exigent la bonne foi au moment de l'acquisition, ce qui implique une possession nouvelle. Si donc l'auteur est de mauvaise foi, le successeur ne pourra qu'invoquer la prescription de trente ans, même s'il est de bonne foi, avec le droit d'ajouter, il est vrai, à la durée de sa possession propre, celle de son auteur.

En sens inverse, la mauvaise foi du successeur ne lui nuit pas si son auteur était de bonne foi ; car la mauvaise foi qui survient au cours d'une prescription de dix et vingt ans, en train de s'accomplir, ne peut pas être opposée au possesseur par le propriétaire revendiquant (1).

125. On s'est demandé si ces principes devaient

1. Aubry et Rau, II, § 218, p 385, texte et note 5. V. les auteurs cités dans cette note ; Troplong, *Prescript.* II, 932, et 937.

être appliqués dans leur rigueur à l'héritier bénéficiaire. Dans notre ancien Droit la négative avait été soutenue : c'était le système de Balde qui prétendait que l'héritier bénéficiaire devait être considéré, en quelque sorte, comme étant étranger à la succession, et comme capable, par suite, de commencer une possession nouvelle utile pour la prescription. Ce système, combattu par Covarruvias et Dunod (1), n'avait pas prévalu. La même solution doit être admise encore aujourd'hui, en présence du texte de la loi qui ne fait exception, en la matière, en faveur de l'héritier bénéficiaire (2).

126. C'est lorsqu'il s'agit, par contre, des successeurs particuliers que l'on peut dire d'une façon précise qu'il y a jonction des possessions.

Supposons tout d'abord que l'auteur et le successeur particulier soient tous deux de bonne foi. Il faut décider alors, qu'en vertu de la disposition de l'article 2235 le successeur pourra prescrire par dix et vingt ans en joignant à sa possession celle de son auteur.

Supposons encore que, ce dernier étant de mauvaise foi, le successeur soit lui-même de bonne foi. Il faut décider dans cette hypothèse que le successeur pourra, malgré la mauvaise foi de son auteur, commencer en sa personne une prescription de dix

----

1. Dunod, *Prescript.* Part. VIII ; Covarruvias, *In capit. possessor*, p. 2, § 11, no 6.
2. Vazeille, *Prescript.* no 476.

et vingt ans à la date de sa propre entrée en possession. Il est évident, par contre, que sa propre bonne
foi ne pourrait pas changer la nature de la possession
vicieuse de son auteur, dont l'origine est entachée de
mauvaise foi.

127. Le législateur a fait une application remarquable de ces principes dans la disposition de l'article 2239, ainsi conçu :

« Ceux à qui les fermiers, dépositaires et autres dé-
« tenteurs précaires ont transmis la chose par un titre
« translatif de propriété, peuvent la prescrire ».

Il résulte de ce texte, en effet, que celui qui a reçu
la chose en vertu d'un titre translatif de propriété,
et qui ignorait, par conséquent, la précarité de la
détention de son auteur, peut prescrire la propriété
de cette chose par une prescription nouvelle de dix
et vingt ans, s'il est lui-même de bonne foi.

D'ailleurs, ce q e dit la loi dans ce texte concernant le vice de précarité, doit s'étendre par analogie
à tous les autres vices dont peut être affectée la
possession de l'auteur.

128. Si l'on est d'accord sur les solutions à donner dans les deux hypothèses que nous venons
d'examiner, il en est tout autrement en ce qui concerne la troisième, c'est-à-dire, qui consiste à supposer que l'auteur était de bonne foi alors que le
successeur est, lui, de mauvaise foi.

Un premier système, qui compte d'illustres défenseurs (1), soutient que, même dans ce cas, la jonction des possessions est possible. On dit : c'est la conséquence nécessaire du principe posé dans l'article 2269, suivant lequel il faut se placer seulement lors de l'*initium possessionis*, pour apprécier la bonne foi. Or, l'*initium possessionis*, dans notre hypothèse, se place à l'origine de la possession de l'auteur, qui, on le suppose était de bonne foi ; la mauvaise foi du successeur particulier est une *mala fides superveniens,* qui ne peut en rien influer sur le temps nécessaire à la prescription.

On ajoute que l'article 2235 fournit un argument qui vient à l'appui de cette thèse, lorsqu'il décide, *sans faire aucune distinction,* que les possessions se joignent à l'effet de parfaire le temps pour prescrire. Les deux possessions n'en font donc qu'une, pour laquelle le possesseur a la bonne foi au jour de l'*initium possessionis,* ce qu'exige simplement la loi dans l'article 2269.

129. Nous n'admettons pas ce système, et des autorités non moins éminentes que les premières, le rejettent comme nous (2). Il est vrai que l'article 2269 exige la bonne foi chez le possesseur au seul moment de l'*initium possessionis* ; mais il s'agit bien évidemment dans ce texte du cas où la

1. Vazeille, *Prescript.* II, n° 497 ; Troplong, *Prescript.* I, 432, et II, 938.

2. Delvincourt, II, p. 658 ; Taulier, VII, p. 456 : Duranton, XXI, 244 ; Aubry et Rau, II, § 218, p. 385, texte et note 37 ; Laurent, XXXII, p. 380, et s.

possession reste à un seul et même possesseur.
« Les considérations d'équité et d'utilité générale,
« disent, à ce sujet, MM. Aubry et Rau (1), qui ont
« fait admettre la maxime *mala fides superve-*
« *niens non nocet*, en faveur de celui qui, étant de
« bonne foi au moment de son acquisition, a cessé
« de l'être avant l'accomplissement de l'usucapion,
« ne militent pas pour le successeur particulier qui
« s'est rendu acquéreur de la chose d'autrui, mal-
« gré la connaissance qu'il avait des droits du
« véritable propriétaire; il ne saurait trouver dans
« la bonne foi de son auteur, une excuse à sa mau-
« vaise foi. »

Il ne faut donc pas faire dire à l'article 2269 ce
qu'il n'a jamais voulu dire. Il prévoit simplement le
cas, nous le répétons, où la mauvaise foi survient
dans la personne d'un acquéreur primitivement de
bonne foi, et il ne prévoit nullement le cas où il y
aurait eu plusieurs transmissions successives de la
chose d'autrui, en permettant au dernier acquéreur
de se prévaloir de l'état de bonne foi qui a pu exister chez ceux qui l'ont précédé.

130. Quant à l'article 2235, il se borne, à notre
sens, à poser le principe de la jonction des possessions, mais il ne résout nullement la question de
savoir à quelles conditions cette jonction devient
possible pour pouvoir invoquer la prescription de
dix et vingt ans. Or, c'est précisément ce qui fait

---

1. II, *loc. cit. suprà.*

l'objet de la discussion. D'ailleurs, dans le système que nous combattons, ne faudrait-il pas décider alors que si l'auteur est de mauvaise foi, le successeur étant de bonne foi, la possession de ce dernier serait infectée du vice originel de celle de son auteur ? Or, l'article 2229 réduit à néant cette conséquence, ce qui prouve que l'argument que l'on tire de l'article 2235 est lui-même sans valeur. Enfin les termes mêmes de l'article 2265 protestent contre l'opinion que nous rejetons : « Celui qui acquiert de « bonne foi, dit le texte, et il faudrait lire celui « qui acquiert de mauvaise foi ! » Car un successeur particulier est un acquéreur, et c'est dans sa personne qu'il faut savoir si la bonne foi existe.

131. D'ailleurs, notre opinion se justifie encore par de puissantes considérations d'équité et de morale. Adopter le système opposé, c'est en vérité, donner une prime à la fraude et au dol. On nous oppose que la disposition de l'article 2269, lorsque le possesseur a été unique pendant tout le temps requis, autorise la mauvaise foi de ce possesseur pendant dix-neuf années sur vingt peut-être ! Mais l'indulgence de la loi, dérivant de l'utilité sociale, ne peut aller cependant jusqu'à permettre à la mauvaise foi pleine et entière de dépouiller le véritable propriétaire de ses droits sur la chose (1).

Remarquons, d'ailleurs, que le successeur particulier de mauvaise foi conserve le droit de joindre

1. Laurent, *loc. cit.*

sa possession à celle de son auteur pour parfaire le délai de trente ans.

S'il y avait eu plusieurs transmissions successives, la mauvaise foi d'un seul des possesseurs, rend inefficace la bonne foi de tous ceux qui l'on précédé.

B. *Acquisition des fruits.*

132. Comme conséquence de la distinction que nous avons faite plus haut en ce qui concerne le moment où la bonne foi est exigée pour la prescription de dix et vingt ans et pour l'acquisition des fruits, il résulte qu'une partie des difficultés que nous venons d'exposer à propos de la première de ces matières ne se présentent plus dans la seconde.

En effet, si le successeur universel d'un possesseur de mauvaise foi ne peut malgré sa bonne foi usucaper par dix et vingt ans, c'est que la bonne foi doit être concomitante à l'entrée en possession. Or, en matière de perception de fruits la bonne foi doit être exclusivement appréciée au moment de la perception, c'est-à-dire uniquement dans la personne du possesseur qui prétend avoir fait les fruits siens, sans avoir égard à la possession de son auteur (1). Il en résulte que le successeur même universel d'un possesseur de mauvaise foi fait les fruits siens lors-

___

1. Zachariæ, § 201, texte et note 8 ; Aubry et Rau, § 206, p. 271, texte et note 20.

qu'il est de bonne foi, et qu'en sens inverse le successeur même particulier d'un possesseur de bonne foi ne fait pas les fruits siens s'il est lui-même de mauvaise foi.

133. La première de ces deux propositions seule a été contestée et a donné lieu à une controverse.

On a soutenu, en effet, dans l'opinion contraire à la nôtre, que la possession du défunt se continue dans la personne du successeur, affectée des mêmes vices qui constituaient le *de cujus* de mauvaise foi. A l'appui de ce système on cite la loi 2 au Code de fruct. et lit. exp. (7. 51) et l'autorité de Donat et de Pothier (1).

On dit encore qu'en admettant même que le successeur universel gagnât les fruits à raison de sa bonne foi il n'en serait pas moins tenu de les restituer en tant qu'il est tenu de toutes les obligations auxquelles était soumis son auteur.

Or, la loi invoquée, la loi 2 au Code, qui établirait précisément cette deuxième proposition, ne s'occupe que des fruits perçus *depuis la demande* (*post conventionem*), et il est certain que, dans ce cas, sans que cette circonstance infirme en rien notre opinion, l'héritier est tenu de l'obligation de restitution née dans la personne de son auteur par l'effet du contrat judiciaire.

134. Quant au premier argument de nos adver-

1. Donat, *Lois civiles*, p. I, liv. III, tit. V, n° 14 ; Pothier, *Propriété,* n° 336.

saires, il faut faire une distinction : sans doute si le possesseur de mauvaise foi avait transmis par dol à un tiers sa possession qu'il savait vicieuse il serait responsable non seulement des fruits par lui perçus mais encore des fruits perçus par ce tiers. Mais dans notre hypothèse le possesseur de mauvaise foi est décédé ; peut-on le rendre, avant sa mort, responsable par avance, des fruits perçus après son décès par son héritier, et créer ainsi une obligation qui préexistât dans sa personne au fait de la possession par son héritier ? Car, en somme, c'est à créer une pareille obligation que revient le système qui nous est opposé. Nous ne le pensons pas, et une pareille argumentation nous semble contraire aux principes fondamentaux en matière d'obligations. Les auteurs sont partagés sur la question (1).

135. Il faut remarquer d'ailleurs que l'héritier ne gagnera que les fruits qu'il aura perçus lui-même. Ceux qu'il trouvera dans la succession constituent une dette du défunt, dette dont il est par conséquent tenu. C'est la conséquence logique de la théorie que nous avons admise (2).

1. En ce sens : Duranton, IV, 357 ; Marcadé sur l'art. 550 ; Demolombe, IX, 612 ; Aubry et Rau, *loc. cit. suprà*, et quelques arrêts de jurisprudence. *Contrà* : Pothier et Domat, *loc. cit.* ; Proud'hon, *Du domaine privé*, II. 551 ; Cassat. 8 juin 1864, Sir. 64, 1, 388 ; Req. rejet. 17 mai 1865; Sir. 65, 1, 250,

2. Pothier, *Propriété*, 340-342 ; Dalloz, au mot Propriété, n° 350.

§ 4. — *De l'acquisition par mandataire.*

136. Nous supposons que la prise de possession de l'immeuble est faite par un mandataire pour le compte d'un mandat. Quelle sera l'influence de la bonne ou mauvaise foi du mandataire sur les droits du mandant ?

Il faut remarquer tout d'abord que la question ne se pose que si le mandant est de bonne foi. S'il est de mauvaise foi, en effet, la prise de possession ne sera jamais réputée faite de bonne foi, car c'est en somme dans sa personne que naît le droit.

Si le mandant et le mandataire sont tous deux de bonne foi, aucune difficulté ne se présente non plus dans ce cas et l'acquisition sera réputée faite de bonne foi.

137. La difficulté se présente, par contre, si le mandant étant de bonne foi, le mandataire, lui, est de mauvaise foi.

Dans ce cas, on fait généralement une distinction: s'il s'agit de la prescription de dix et vingt ans, on admet généralement que le mandant ne peut commencer à usucaper que du jour où le mandat a pris fin, tandis que **pour** la perception des fruits on admet au **contraire** que la prise de possession par un mandataire même de mauvaise foi n'influe en rien **sur** les droits du mandant qui est de bonne foi.

On justifie cette distinction de la façon suivante : le rôle du mandataire, dit-on, lorsqu'il s'agit de la prise de possession qui doit baser la prescription, est prépondérant ; sa volonté joue un rôle considérable au moment de l'*initium possessionnis* ; or, par hypothèse, cette volonté est viciée. Tandis que pour l'acquisition des fruits, le mandataire est réduit au simple rôle d'instrument, et le fait de posséder pour autrui ne doit influer en rien sur les droits du possesseur de bonne foi.

138. Cette distinction nous semble reposer sur une base tellement fragile que nous la repoussons sans hésitation. Pour nous, nous estimons que, dans les deux cas, la seule personne qui est juridiquement en scène, c'est le mandant. Il peut donc usucaper tout de suite en dépit de la mauvaise foi de son représentant ; notre Droit, en effet, n'a plus du mandat et du rôle du mandataire la même conception qu'en avait le Droit romain. Il faut ajouter cependant que le mandant ne pourra toutefois commencer à prescrire que du jour où il aura connu l'acquisition (1). Nos adversaires nous objectent, qu'avec notre système, les personnes morales, qui seront toujours réputées de bonne foi, prescriront toujours par dix et vingt ans alors même que leur gérant aurait été de mauvaise foi lors de l'acquisition.

A cette argumentation, il nous est facile de

. 1. V. *suprà*, n° 38.

répondre, qu'il ne faut pas faire dire à la loi ce qu'elle n'a pas voulu dire. Il est certain que le législateur n'a pas réglementé le cas où l'acquisition était faite pour le compte d'une personne morale. D'ailleurs, si l'on admet que ces personnes sont assimilées aux individus l'argument de nos adversaires se retourne contre eux-mêmes puisqu'il faudrait décider en sens inverse, suivant eux, que la personne morale bénéficiera *toujours* des fruits, ce qui est aussi anormal que de décider qu'elle prescrira toujours par dix et vingt ans.

139. La vérité est, pour nous, qu'en ce qui concerne les personnes morales, il faut déduire le régime auquel elles sont soumises des principes généraux.

C'est ainsi que nous déciderons que, s'il s'agit d'une société par actions, la bonne foi ne sera pas nécessaire chez les actionnaires, qui n'ont qu'un droit mobilier (arg. art. 529, C. c.). Mais nous l'exigerions chez la *majorité* des membres du Conseil d'Administration ou de surveillance. S'il s'agit d'une société qui n'est pas personne morale, la bonne foi devrait exister, par contre, chez tous ses membres individuellement.

S'il s'agit d'une commune, nous nous bornerions à exiger la bonne foi chez le maire et la majorité des membres du conseil municipal.

En somme, nous estimons que la bonne foi ou la mauvaise foi d'une personne morale se considère relativement à la bonne ou à la mauvaise foi de ses représentants légaux. Nous n'insistons pas d'ailleurs davantage sur la question qui sort quelque peu des limites que nous nous sommes tracées.

Section II. — De la preuve de la bonne foi.

140. *Article 2268.* « *La bonne foi est toujours* « *présumée, et c'est à celui qui allègue la mauvaise* « *foi à la prouver.* »

Il résulte de la lecture de cette disposition, qui établit une présomption générale de bonne foi, qu'il aurait été peut-être plus logique d'intituler la présente section « de la preuve de la mauvaise foi. » Il faut se souvenir cependant que ce que l'on cherche à établir c'est l'état de bonne foi du possesseur qui lui procure des avantages, et non son état de mauvaise foi qui ne produit pour lui que des résultats négatifs. C'est la loi qui se charge de prouver la bonne foi en l'établissant en présomption, présomption d'ailleurs susceptible d'être combattue par la preuve contraire.

Il faut savoir gré au législateur d'avoir édicté une pareille disposition. Quoi qu'on dise, il est vrai que, tout compte fait, l'honnêteté domine parmi les hommes. Une ironie, trop facile vraiment en l'espèce, ne nous fera pas, à l'exemple de certains auteurs, critiquer une disposition empreinte d'une élévation de sentiments dignes vraiment de ceux qui l'ont édictée.

Mais de plus, au point de vue économique pur même, cette disposition nous paraît excellente. C'est un véritable encouragement à la bonne foi dans les transactions, car les gens de bonne foi se sentiront, dès le principe, protégés par le législateur : or, s'il est vrai que « la vertu est la meilleure des politiques » il n'est pas moins vrai de dire l' « honnèteté en affaires est le plus sûr moyen de réussir », et que la loyauté dans les transactions ne peut que pousser au développement économique.

141. Quelle est l'étendue d'application de la disposition de l'article 2268 ? Le législateur l'a édictée, il est vrai, au titre de la Prescription ; en résulte-t-il que la présomption de bonne foi se limite à cette matière ?

Tout le monde est d'accord pour voir dans l'article 2268 une règle d'une portée générale, applicable toutes les fois que se pose la question de bonne foi dans les rapports juridiques. En effet avant d'écrire la disposition si formelle de cet article, le législateur avait fait déjà auparavant des applications du principe, qu'il devait édicter plus tard, dans divers textes. C'est ainsi que l'article 1116 déclare que le dol ne se présume pas, et doit être prouvé, ce qui revient à dire que la bonne foi est présumée.

Ce qui nous importe à nous surtout c'est de poser en principe que l'article 2268 complète les dispositions des articles 549 et 550 tout comme celle de l'article 2265. D'ailleurs aucune contestation ne s'élève sur ce point entre les auteurs.

142. L'article 2268 établit une présomption. Or on distingue les présomptions en présomptions *juris et de jure* définies dans l'article 1352 et contre lesquelles la preuve contraire n'est pas admise, et en présomptions *juris tantum* contre lesquelles la preuve contraire est admise.

Il résulte de la définition de l'article 1352, que la disposition de l'article 2268 est susceptible d'être combattue par la preuve contraire.

143. Comment se fera cette preuve ? La preuve testimoniale serait-elle admise ?

Nous savons que la preuve par témoins est admise toutes les fois qu'il n'a pas été possible de se procurer une preuve écrite ; or la nature même de la mauvaise foi rend sa preuve par écrit chose impossible (arg. art. 1348). Conçoit-on que celui qui va commettre un dol, consigne ses intentions dans un écrit ?

Du fait que la preuve par témoins est admissible à l'effet d'établir la mauvaise foi, il en résulte que la preuve par présomptions doit être admise de même (arg. art. 1353).

144. Il faut se garder toutefois de faire une confusion. La preuve de la bonne foi, n'est pas la preuve de la possession de bonne foi. Pour établir cette dernière c'est au possesseur qu'il appartiendra d'établir l'existence du titre qu'exige la loi, et cette preuve ne pourra se faire par témoins que dans les cas où la loi autorise ce moyen de preuve. La preuve de l'existence du titre une foi faite, la présomption de l'article 2263 vient constituer le possesseur de bonne foi jusqu'à preuve du contraire.

145. Quel sera l'office du juge lorsqu'il s'agira pour lui de trancher la question de bonne foi ? Il devra examiner simplement si la bonne foi a existé ou non dans l'esprit de celui qui l'invoque. Il a donc à résoudre une pure question de fait, et il en résulte que sa décision ne peut subir la censure de la Cour suprême, au moins sur la question de bonne foi (1).

Il y a néanmoins des circonstances de fait tellement indicatrices de la mauvaise foi que leur existence non contestée dispense de toute autre preuve celui qui l'articule (2).

Par exemple la remise entre les mains de l'acquéreur des titres du vendeur dans lesquels le droit d'un tiers se trouve écrit.

A ce cas il faut assimiler aussi, nous dit Troplong (3), la connaissance extrinsèque que l'acquéreur aurait eue du droit d'autrui avant son acquisition. Cette connaissance une fois établie est censée se continuer de plein droit ultérieurement et celui

---

1. Cassat. Rejet, 18 mai 1843 (Dalloz, *Prescription*, n° 941) ; V. aussi les auteurs cités *suprà*, n° 47.

2. Troplong, II, 929.

3. *Loc. cit.* 931, V. aussi Bourges, 10 janvier 1826 ; Dalloz, *Prescript.* 932; Rennes, 14 juin 1841, Dall., *Prescript.* 932.

qui combat la prescription a rempli sa tâche en prouvant son existence.

146. Il résulte clairement de l'article 2268 que c'est au propriétaire revendiquant qu'il appartient de faire la preuve de la mauvaise foi du possesseur. Les auteurs admettent cependant sur ce point une dérogation au principe que nous avons déjà signalée et commentée (1) : lorsque l'erreur est une erreur de droit.

Nous avons admis en principe que l'erreur de droit était, dans nos lois, justificative de la bonne foi, tout comme l'erreur de fait. D'où peut venir donc notre proposition que le fardeau de la preuve se déplace lorsqu'il s'agit de l'erreur de droit ? (2). « C'est que si l'acquéreur a pris connaissance du « titre de son vendeur et que ce titre se trouve « entaché d'une nullité apparente, nous disent « MM. Aubry et Rau, en vertu de l'adage « *nemo* « *jus ignorare censetur* » il est présumé avoir eu « connaissance de la nullité, et est obligé pour « écarter cette présomption de faire la preuve de « son erreur de droit ».

Autrement dit, l'adage doit être considéré comme une présomption susceptible d'ailleurs d'être combattue par la preuve contraire.

1. V. *suprà*, no 44.
2. Aubry et Rau, § 218, p. 384, texte et note, 30 ; Laurent, XXXII, 415, p. 411.

DEUXIÈME PARTIE

DES PRINCIPAUX EFFETS DE LA BONNE FOI

147. Cette deuxième partie sera consacrée à l'étude des principaux effets de la bonne foi. Chemin faisant, au cours de la théorie générale que nous venons d'esquisser, nous avons eu déjà l'occasion d'énumérer quelques-uns des avantages que le législateur attribue à celui qui est de bonne foi. C'est ainsi que nous avons parlé de celui qui reçoit le paiement indû de bonne foi, de l'influence de la bonne foi sur la possession mobilière, et d'autres dispositions encore.

Mais le législateur a surtout fait produire à la bonne foi des effets importants et nettement précisés dans la matière de la possession immobilière. Ce sont ces effets que nous étudierons dans trois chapitres.

Le *premier* de ces chapitres sera consacré à l'acquisition des fruits par le possesseur de bonne foi.

Le *deuxième*, au constructeur de bonne foi.

Le *troisième*, à la prescription de dix et vingt ans.

Un *quatrième* chapitre, qui nous a paru indispensable pour que notre étude fût complète, sera consacré à la protection accordée par la loi au possesseur en considération de sa bonne foi.

CHAPITRE PREMIER

DE L'ACQUISITION DES FRUITS PAR LE POSSESSEUR

DE BONNE FOI

Section I. — Chez qui la bonne foi est exigée et à quel moment. — Fondement du droit du possesseur sur les fruits. — Ce qu'il faut entendre par fruits. — Comment le possesseur les fait siens.

§ 1er. — Chez qui la bonne foi est exigée et à quel moment.

148. La matière est réglementée par les articles 549 et 550 du Code civil dont nous connaissons les dispositions.

Nous connaissons aussi les conditions qu'exige la loi du possesseur d'immeuble pour qu'il puisse acquérir les fruits. On se rappelle que sur ce point nous avons adopté une théorie qui est en contradiction avec les idées généralement admises, et que nous avons décidé que le titre qu'exige le texte de l'article 550 devait être un titre réel et non un simple titre putatif qui n'existe que dans la pensée du possesseur.

Nous avons déjà décidé aussi qu'en cas d'acquisition par mandataire la bonne foi du mandant possesseur suffit pour l'acquisition des fruits. D'une façon générale enfin nous avons posé en principe, qu'en cette matière, la bonne foi doit être appréciée exclusivement dans la personne du possesseur, sans avoir égard au caractère de la possession de son auteur.

Nous n'avons pas à revenir ici sur ces principes que nous avons exposés d'une façon détaillée déjà en traitant de la bonne foi en général.

149. Il nous reste à examiner cependant une question que nous avons réservée jadis, celle de savoir à quel moment, dans l'acquisition des fruits, la bonne foi doit être exigée du possesseur.

La règle, à ce sujet et dans la matière qui nous occupe, est que la bonne foi s'apprécie à l'instant même où s'effectue chaque acquisition.

Il en résulte que le possesseur cesse d'être de bonne foi et par conséquent d'acquérir les fruits dès qu'il a connaissance des vices de son titre soit par l'effet d'une demande judiciaire, soit d'une sommation extra-judiciaire, soit de toute autre manière (1).

C'est au juge qu'il appartient de décider, dans sa

---

1. Aubry et Rau, II, § 206, p. 273, texte et note 23.

conscience, à quel moment la bonne foi a cessé chez le possesseur.

150. Voici quelques-unes des difficultés qui peuvent se présenter sur ce point :

D'après le Droit romain, le possesseur cessait d'être de bonne foi aussitôt qu'il connaissait, de quelque manière que ce fût, le droit du véritable maître (1).

Dans notre ancienne jurisprudence, cependant, l'Ordonnance de Villers-Cotterets (1539), dans son article 94, paraissait décider qu'une demande en justice pouvait seule constituer le possesseur en mauvaise foi. Les auteurs, toutefois, interprétaient généralement cette Ordonnance comme si elle avait adopté le principe établi en Droit romain (2). Peut-être pouvons-nous souhaiter aujourd'hui que la détermination du moment où cesse la bonne foi chez le possesseur fût fixée d'une façon précise par un texte, comme elle l'était autrefois.

Quoi qu'il en soit de nos souhaits à cet égard, l'article 550 se borne à décider, sans plus s'expliquer, que le possesseur cesse d'être de bonne foi aussitôt qu'il connaît les vices de son titre.

151. Il faut conclure, avec la majorité des auteurs, de la généralité de ce texte, qu'il n'est pas nécessaire au propriétaire de former une demande

1. L. 48, § 1, ff. *de adq. rer. dom.*
2. Pothier, *Propriété*, n° 342.

en revendication pour faire cesser la bonne foi chez le possesseur, et qu'une simple sommation extra-judiciaire suffit pour produire cet effet (1).

Mais encore faut-il, en l'absence d'une demande en justice, formée par le véritable maître, ne pas considérer le possesseur comme étant devenu trop facilement de mauvaise foi. Il se peut, en effet, que le propriétaire, dans sa sommation, ne fasse pas valoir suffisamment ses titres et que la confiance du possesseur dans la validité du sien subsiste entière.

152. Mais s'il est vrai que la bonne foi du possesseur peut cesser avant que la revendication soit intentée, peut-elle en revanche survivre à la demande formée ? Il se peut en effet que cette demande, elle aussi, ne contienne pas une énumération suffisamment probante des titres du propriétaire et que le possesseur conserve, même postérieurement à elle, sa confiance dans ses droits propres sur la chose.

Supposons le cas, le possesseur continuera-t-il à gagner les fruits ? La question manque d'intérêt, car elle ne se pose pour ainsi dire pas. En effet, le jugement déclaratif qui interviendra sur la demande en revendication rétroagira fatalement quant à ses effets au jour de la demande. Le possesseur, en conséquence, perdra les fruits perçus depuis cette demande.

1. Duranton, IV, n° 362 ; Demante, II, 385 *bis.* ; Demolombe, IX, n° 630.

Mais il se peut, par exemple, que le demandeur, après avoir formé sa demande dans les conditions que nous supposons ici, c'est-à-dire sans établir suffisamment ses droits pour ébranler la confiance du possesseur dans les siens, il se peut, disons-nous, qu'il laisse périmer sa demande. Il y aurait lieu précisément, dans ce cas, de rechercher si la bonne foi du possesseur s'est conservée entière malgré la revendication.

153. Supposons maintenant, la revendication étant intentée, que le possesseur ait gagné son procès en première instance. Sera-t-il considéré comme étant toujours de bonne foi, et comme tel continuera-t-il à acquérir les fruits jusqu'à l'arrêt, que nous supposons infirmatif? La même question se pose si l'arrêt est supposé confirmatif, mais s'il est ensuite cassé sur pourvoi formé par le propriétaire revendiquant.

Dans ces différentes hypothèses, nous décidons que dès la demande le possesseur a pu prévoir l'issue de la lutte engagée; qu'il n'est donc plus à proprement parler de bonne foi, et qu'en tous cas le principe de la rétroactivité des décisions judiciaires au jour de la demande vient trancher la question à son désavantage, en cas de gain définitif du procès par le véritable maître.

154. Du fait que la bonne foi s'apprécie chez le possesseur au moment même où s'opère l'acquisition, il s'ensuit que l'on peut parfaitement concevoir chez le même possesseur des alternatives de bonne et de mauvaise foi.

Prenons une espèce. Primus achète de Secundus qu'il croit être propriétaire, un immeuble ; il est alors de bonne foi. Puis il apprend que Secundus n'était pas le propriétaire de l'immeuble ; à ce moment il devient possesseur de mauvaise foi. Il reçoit ensuite le même immeuble toujours, par donation, de Tertius, qu'il croit, cette fois, fermement être le véritable propriétaire ; il redevient possesseur de bonne foi ; enfin il découvre que l'immeuble appartient en réalité à Quartus ; sa mauvaise foi renaît alors, et il cesse de nouveau d'acquérir les fruits.

Dans l'espèce que nous avons prise, la question de l'attribution des fruits serait, on le voit, fort compliquée.

155. Comment se fait-il qu'en matière de prescription de dix et vingt ans la bonne foi ne soit exigée que lors de l'*initium possessionis*, alors qu'il en est autrement en matière d'acquisition des fruits ? Quel est le motif de cette distinction qui résulte et de la tradition, et d'un argument *a contrario* tiré de la disposition de l'article 2269 ?

Le Droit romain l'avait déjà consacrée, nous le savons, par la règle *mala fides superveniens non nocet*. Sous l'influence du Droit canon, on exigea, par contre, dans l'ancien Droit, la bonne foi continue, même en matière de prescription.

Aujourd'hui, on justifie la distinction, telle que l'a rétabli le législateur du Code civil, non sans une vive opposition d'ailleurs de certains esprits, en disant que « la prescription acquisitive repose sur « un état de choses permanent, dont les caractères « se déterminent d'après les circonstances qui en ont « accompagné l'origine ; tandis que chaque acte de « perception de fruits constitue un fait isolé qui « doit être apprécié en lui-même relativement à la « bonne ou à la mauvaise foi de celui qui accomplit « l'acte » (1).

156. Cette distinction étant connue, il peut se produire le cas suivant : un possesseur entre en possession d'un immeuble avec le juste titre et la bonne foi. Il commence ainsi une prescription de dix ans et fait les fruits siens. Puis, à un moment donné, il cesse d'être de bonne foi, par une cause quelconque ; dès ce moment il cesse de faire les fruits siens. Mais il faut décider, en sens contraire, qu'il continuera à prescrire par dix et vingt ans. Au propriétaire présent et revendiquant son immeuble au bout de onze ans, il pourra opposer la prescription, et nous verrons plus loin qu'il aura acquis les fruits en acquérant l'immeuble. Mais supposons maintenant que le propriétaire revendique au bout de huit ans et que la bonne foi du possesseur ait cessé depuis quatre années déjà. Le possesseur devra les fruits des quatre années pendant lesquelles il les a perçus

1. Aubry et Rau, § 206, p. 271, note 22.

étant de mauvaise foi, et le fait qu'il continuait à prescrire ne pourra le libérer de cette obligation de restitution.

§ 2. — *Fondement du droit du possesseur sur les fruits.*

157. Tant que les fruits sont encore pendants, ils ne forment qu'une seule et même chose avec le fonds.

Après leur détachement, ils appartiennent au propriétaire du fonds. Tels sont les principes que le législateur a consacrés en matière de propriété fru-gifère. Deux dérogations cependant à cette règle ont été admises :

C'est d'abord lorsque c'est un tiers qui, par son travail, par ses soins ou par ses dépenses, a cultivé le fonds de manière à lui faire produire les fruits. L'équité ne voulait pas que, dans ce cas, le proprié-taire eût la propriété des fruits sans que le tiers reçût au moins la contre-partie de sa peine et de ses débours.

La deuxième dérogation au principe général a été établie lorsqu'il s'agit d'un possesseur de bonne foi qui a cru que les fruits étaient sa propriété ; c'est le cas que nous étudions en ce moment.

Dans la première hypothèse, lorsque le fonds a été cultivé par un tiers, le législateur n'a admis qu'un droit à une indemnité (article 548).

Dans la deuxième, il a permis au possesseur de faire les fruits siens tant qu'il reste de bonne foi.

158. « Les revenus, fruits, intérêts et arrérages sont faits pour être dépensés », dit M. Demolombe (1). « Il faut bien payer ses charges, il faut bien vivre ! »

Or, on vit suivant l'importance plus ou moins grande de ses revenus. Tel qui n'a que quatre mille francs de rente augmentera immédiatement ses dépenses des deux tiers s'il vient à lui échoir huit autres mille francs de rente. C'est un besoin commun à l'immense majorité des hommes, en même temps d'ailleurs qu'une loi économique presque inévitable. Qu'arriverait-il donc si le possesseur était obligé de rendre des revenus au bout d'un certain nombre d'années ? Il arriverait que, pour pouvoir opérer cette restitution, il serait obligé de faire une brèche à son capital, de s'appauvrir en un mot.

Tel est, sans doute, le motif principal pour lequel le législateur n'a pas voulu exiger du possesseur de bonne foi la restitution des fruits par lui perçus. On a considéré que l'équité exigeait cette solution en faveur du possesseur ; que d'ailleurs la perte résultant de cette disposition de la loi ne serait en somme pas grande pour le propriétaire puisqu'il aurait lui-même dépensé probablement les fruits pour son usage ; qu'enfin, ledit propriétaire pouvait être taxé de négligence, en laissant sa propriété entre les mains d'un autre qui, lui, n'était coupable d'aucune

1. Demolombe, IX. n° 591.

négligence. On a fait remarquer encore qu'autoriser le propriétaire à demander les fruits, c'était lui faire avoir un capital qu'il n'aurait sans doute pas formé de lui-même, et que, d'ailleurs, les accumulations d'arrérages sont contraires aux principes d'une saine économie politique.

159. Toutes ces raisons, qui sont de pures raisons d'équité, ne justifient pas, à notre sens, l'acquisition des fruits par le possesseur, au moins de *tous* les fruits (1).

Les jurisconsultes romains avaient établi sur cette matière une théorie plus logique et plus juridique. Primitivement, le possesseur n'avait droit qu'aux fruits qu'il avait obtenus par la culture *pro cultura et cura* ; de là la distinction du Droit romain des fruits, en fruits naturels et fruits industriels. Dans la suite, on accorda au possesseur un droit à tous les fruits naturels ou industriels, mais avec l'obligation de restituer les fruits non consommés, *extantes*. Dans le Droit de Justinien, la règle était que *de fructibus consumptis agere non potest* (2).

Dans notre ancien Droit, on admettait déjà le principe de l'acquisition de tous les fruits consommés ou non (3).

160. Les fruits, avons-nous dit, appartiennent en

1. V. en ce sens, Laurent. VI, 203, et s. p. 270, et s.
2. Instit. just. liv. II, tit. I, § 35.
3. V. sur cette question, Duranton, t. IV, p. 309, n° 361 ; Demolombe, IX, n° 592, p. 525.

principe au propriétaire du fonds. Or, supposons la revendication admise : tous les droits du possesseur s'évanouissent, et son droit aux fruits notamment avec les autres. Supposons maintenant que le possesseur n'ait pas consommé tous les fruits. Ces fruits appartiennent logiquement au propriétaire et le possesseur ne devrait avoir droit, quant à ces fruits non consommés, qu'à une indemnité, conformément à la disposition de l'article 548. Voilà quelle serait, selon nous, la véritable façon juridique de trancher la question.

Or, la loi autorise le possesseur à garder ces fruits, purement et simplement.

On ne peut pas prétendre cependant dans le cas qu'il a employé les fruits *lautius vivendo*, puisque, par hypothèse, les fruits sont extants !

En résumé, à notre avis, la solution romaine était plus conforme aux vrais principes du Droit ; quoi qu'il en soit, ce n'est pas celle qui a prévalu dans nos lois, et l'interprète ne peut qu'exprimer un regret, d'ailleurs inefficace

§ 3. — *Ce qu'il faut entendre par fruits.*

161. La doctrine distingue nettement les *fruits* des *produits*.

Les *fruits* sont tout ce qu'une chose produit et reproduit sans altération de sa substance, *quidquid ex re nasci et renasci solet*. Tous les *produits* d'une chose donc ne sont pas des fruits, mais seulement ceux qui se perçoivent périodiquement, soit tous les ans, comme le vin, soit tous les dix ou tous les quinze ans, comme la coupe d'un bois taillis. Quant aux produits qui n'ont pas le caractère de fruits ce sont par exemple les matériaux provenant de la démolition d'un édifice, le trésor, les arbres d'une haute futaie non aménagée. Au titre de l'usufruit, le législateur refuse à l'usufruitier comme n'étant pas des fruits, les produits d'une mine ou d'une carrière qui n'était pas encore en exploitation lors de l'ouverture de l'usufruit ; aux yeux de la loi, il s'agit là de produits et non de fruits.

Dans l'article 547, le législateur distingue des *fruits naturels*, des *fruits industriels* et des *fruits civils* ; à cette énumération il ajoute, on ne sait pourquoi, le croît des animaux qui rentre évidemment dans l'une des deux premières catégories de fruits que nous venons d'énumérer.

162. Le législateur définit chacune de ces différentes espèces de fruits dans les articles 583 et 584 du titre de l'usufruit. Les fruits naturels, nous dit-il, sont ceux qui sont le produit spontané de la terre ; tandis que les fruits industriels d'un fonds sont ceux qu'on obtient par la culture. Enfin, les fruits civils sont les loyers des maisons, les intérêts des sommes exigibles, les arrérages des rentes, et aussi le prix des baux à ferme.

Ces distinctions qui ont un grand intérêt en matière d'usufruit présentent-elles le même caractère lorsqu'il s'agit du possesseur de bonne foi ? C'est cette question qu'il nous faut examiner maintenant.

163. D'une façon assez générale, les auteurs admettent que le possesseur de bonne foi n'a droit qu'aux fruits de la chose, sans avoir droit à ses produits. C'est, dit-on, le principe que la loi établit clairement dans l'article 549. Si l'on se reporte en effet aux textes qui précèdent immédiatement cet article, on voit que le législateur a commencé par énumérer les *fruits* qui appartiennent au propriétaire par droit d'accession (art. 547) ; puis, immédiatement après cette énumération, la loi assimile le possesseur de bonne foi au propriétaire quant à l'acquisition des fruits (549) ; c'est donc bien, dit-on, qu'il s'agit dans l'article 549 des *fruits* énumérés à l'article 547, et des fruits seulement.

Il est vrai, ajoute-t-on, que l'article 549 dans sa deuxième partie dispose que le possesseur de mauvaise foi « est tenu de rendre les *produits* avec la chose » « au propriétaire qui la revendique ». Mais on ne doit point voir dans l'expression de « produits » dont se sert la loi la preuve que le possesseur a droit, en plus des fruits, aux produits proprement dits de la chose. La majorité des auteurs donnent de cette expression l'explication suivante : c'est par euphonie, et pour ne pas répéter deux fois successivement le mot fruits que le législateur s'est servi du mot produits, sans y attacher d'ailleurs aucune idée extensive des droits du possesseur.

On fait remarquer encore que tout le chapitre est consacré aux *fruits*, et qu'il n'est parlé des *produits* par la loi qu'au titre de l'usufruit (art. 582, 591, 592 et 598).

En résumé, dans l'opinion généralement admise, on fait au possesseur de bonne foi une situation analogue à celle que la loi fait à l'usufruitier. Il n'a donc droit ni aux coupes des forêts non aménagées, ni aux produits des mines et carrières non ouvertes au moment de son entrée en possession, ni aux tourbières dont l'exploitation n'était pas commencée à la même époque (1).

164. Malgré l'autorité qui s'attache aux noms des défenseurs de ce système, les conclusions auxquelles il aboutit ne nous semblent ni justifiées dans leurs origines, ni logiques et encore moins équitables.

Supposons qu'un possesseur de bonne foi soit en possession d'un fonds dans lequel se trouvent des bois de haute futaie non aménagés. Il se croit propriétaire, et en bon propriétaire, en père de famille diligent, il fait aménager *sa* forêt, y pratique des coupes et jouit librement du produit de la vente de ces coupes. Ne sont-ce pas là des raisons suffisantes pour lui permettre de faire les produits siens ? Ne sont-ce pas là exactement les mêmes raisons par les-

1. En ce sens. Duranton, IV, 350 ; Demolombe, IX, 622, et XIII, 47 ; Zachariæ, § 218, note 5 ; Aubry et Rau, II, § 207 p. 277, texte et note 33 ; Req. rej. 8 décembre 1856 ; Sir. 37, 1, 76.

quelles on justifie le droit aux fruits du possesseur ?
C'est pourquoi il nous semble logique de décider
que le possesseur aura droit aux produits, à ceux
tout au moins qui ne sont pas destinés à être capi-
talisés. C'est ainsi que nous lui refuserions le droit
de faire sien le trésor qu'il aurait trouvé sur le fonds,
au moins quant à la partie qui ne lui serait pas
acquise *jure inventionis*.

165. Quant aux arguments de textes que l'on invoque à l'appui de l'opinion que nous combattons
ici, on s'étonne vraiment qu'ils aient pu fonder l'opinion des autorités que nous avons citées ; une partie
même d'entre eux viennent à l'appui de notre thèse.

Il est vrai, en effet, que dans le chapitre 1er du
Titre de la propriété, il n'est parlé que des *fruits*.
Mais il faut croire que nos adversaires ont lu le
chapitre en question sans en lire le titre « Du droit
d'accession sur ce qui est *produit* par la chose »,
lequel titre vient ici donner un démenti formel à
ceux qui prétendent qu'il n'est pas traité implicitement des produits dans le chapitre en question.
De plus, personne ne conteste, à notre connaissance, que les *produits* d'une chose appartiennent
au propriétaire de la chose. Il faut donc bien qu'il
soit au moins implicitement question des produits
dans les dispositions de la loi relatives au droit d'accession. Ce qui le prouve d'ailleurs, c'est que le
chapitre premier n'est que le détail de la proposition énoncée à l'article 546 qui le précède immé-

diatement « la propriété d'une chose soit mobilière, soit immobilière, donne droit *sur tout ce qu'elle produit* », de même que le chapitre II du même titre est lui-même le détail de la suite du texte de l'article 546..... « et sur ce qui s'y unit accessoirement ». Or, l'expression de l'article 546 comprend évidemment les produits en même temps que les fruits.

166. Enfin le fait que le législateur s'est servi indifféremment des expressions *fruits* et *produits* dans le texte de l'article 549 nous semble, au contraire de l'opinion généralement admise, avoir une très grande importance. N'a-t-il pas fait, en effet, une distinction très nette des fruits et des produits au titre de l'usufruit ? Et comment peut-on supposer qu'il aurait voulu faire de même, lorsque le texte lui-même, dans ses expressions, proteste contre la distinction qu'on veut nous imposer ? Ce serait le taxer vraiment d'une singulière négligence.

Nos adversaires s'appuient encore sur la tradition ; il est vrai qu'elle était dans le sens de l'opinion qu'ils soutiennent (1). Mais qui nous dit que le législateur sur ce point, comme sur plusieurs autres de la matière, n'a pas précisément voulu rompre avec la tradition. Ne l'a-t-il pas fait, par exemple, en renonçant à exiger dans la prescription de dix et vingt ans une bonne foi persistante ; ou bien en assimilant l'erreur de droit à l'erreur de fait ?

1. Pothier, *Propriété*, n° 333.

En résumé, nous décidons que le possesseur a droit, d'une façon générale, à tous les fruits ou produits que le propriétaire aurait lui-même consommés s'il avait été en possession de sa chose. C'est la solution qui nous paraît la plus conforme au texte et au vœu de la loi.

167. Un auteur, Marcadé, a soutenu sur la question une théorie originale, qui voit dans la disposition de l'article 549 une simple application du principe posé dans l'article 2279. Il s'agit là, dit-il, d'un cas de prescription instantanée, prescription qui devient possible pour le meuble au moment de sa séparation d'avec l'immeuble. Il en conclut qu'il n'y a pas lieu de distinguer entre les fruits et les produits (1). C'est la solution que nous avons adoptée, justifiée par d'autres motifs dans la discussion desquels il nous est impossible d'entrer.

168. L'usufruit est une servitude qui peut être usucapée ; on peut donc supposer qu'on est possesseur d'un usufruit. — Le possesseur d'un usufruit acquiert-il les fruits eux-mêmes, ou ne peut-il garder que les intérêts qu'il aurait retirés de ces fruits (2)?

Il faut décider, à notre sens, que le possesseur gagnera les fruits eux-mêmes. La Cour de cassation cependant, dans un arrêt du 10 août 1849 (3), a décidé en sens contraire que les fruits étaient la chose

1. Marcadé, sur l'art. 549, II, p. 411.
2. Demolombe, IX, § 623, p. 539.
3. Dalloz, 1849, 1, 253.

possédée ; et elle a condamné un possesseur de bonne foi d'un usufruit à restituer les fruits, en l'autorisant toutefois à garder les intérêts de ces fruits.

Il y a là une véritable confusion. La chose possédée c'est l'usufruit, et les fruits ne sont que les revenus de cette chose ; c'est donc l'usufruit que le possesseur doit seulement restituer et non les fruits perçus pendant la durée de la possession.

L'article 1568 qui dispose que « *si un usufruit a* « *été constitué en dot le mari ou ses héritiers ne sont* « *obligés, à la dissolution du mariage, que de resti-* « *tuer le droit d'usufruit et non les fruits échus du-* « *rant le mariage* », démontre bien que le législateur considère l'usufruit et non les fruits comme la chose possédée.

169. Il faudrait, à notre avis, donner la même solution dans le cas où il s'agirait d'une rente viagère dont un créancier apparent de bonne foi aurait touché les arrérages. Il serait dispensé, à raison de sa bonne foi, de rendre ces arrérages. L'article 588 qui dispose que « l'usufruit d'une rente viagère donne « aussi à l'usufruitier, pendant la durée de son « usufruit, le droit d'en percevoir les arrérages, « sans être tenu à aucune restitution, » est l'application dans un cas particulier, celui d'un usufruit, du principe général que nous venons d'énoncer.

170. Mais ne pourrait pas prétendre que l'hypo-

thèse que nous prévoyons ici, qui est celle où le
possesseur de bonne foi a touché les arrérages de la
rente, que cette hypothèse, disons-nous, est régie
par la disposition de l'article 1376 qui ne distingue
entre la bonne et la mauvaise foi qu'en ce qui concerne la date à partir de laquelle sont dus les intérêts, le possesseur de bonne foi n'étant tenu desdits
intérêts que du jour de la demande en justice, alors
que le possesseur de bonne foi en est tenu du jour
du paiement indû (arg. art. 1376 et 1378) ? Ne s'a-
git-il pas là en effet d'un paiement indû, celui des
arrérages de la rente? On en conclut que le possesseur de bonne foi devrait rendre ces arrérages, tout
en bénéficiant de la disposition de faveur de l'article 1378.

L'objection serait particulièrement forte s'il n'y
avait pas de titre de rente viagère ; par exemple si
un héritier avait payé les arrérages d'une rente établie par un testament révoqué, mais dont la révocation ne s'est découverte que plus tard. Sans pouvoir entrer dans tous les détails de cette controverse,
qui sortent plus ou moins du cadre de notre étude,
faisons simplement remarquer que l'article 1378
semble faire lui-même la distinction entre le capital, qui est la chose due, et les fruits et intérêts qui
sont acquis à celui qui a reçu le paiement de bonne
foi.

D'ailleurs l'équité vient, elle aussi, nous dicter
notre solution. Peut-on, en bonne justice, obliger
celui qui a reçu une rente pendant plusieurs

années, de bonne foi, à rembourser les arrérages ? Ce serait le plus souvent la ruine pour le possesseur, et sa bonne foi doit lui éviter un tel préjudice.

La jurisprudence est dans notre sens : certains arrêts vont même jusqu'à décider que les intérêts, plus considérables qu'ils n'étaient dus, qui ont été versés au créancier d'une rente, doivent être considérés comme des fruits acquis de bonne foi.

§ 4. — *Comment le possesseur fait les fruits siens.*

171. Le principe en cette matière est que le possesseur de bonne foi fait les fruits siens. lorsqu'il les a perçus comme fruits pendant la durée de sa possession.

La perception suffit, mais elle est indispensable (1).

De ce que la perception suffit, il résulte qu'une fois que les fruits ont été perçus par le possesseur, ils lui appartiennent irrévocablement ; il n'y a donc pas lieu de distinguer, nous le savons déjà, entre les fruits déjà consommés et les fruits existants au moment de la survenance de la mauvaise foi.

172. Mais si la perception suffit, elle est aussi indispensable. Il importe donc de savoir exactement en quoi elle consiste pour les différentes catégories de fruits que nous avons distinguées.

1. Demolombe, IX, n° 625, p. 543.

En ce qui concerne les fruits *naturels* ou *industriels*, il n'y a pas de difficultés ; ils sont considérés comme perçus aussitôt qu'ils sont séparés de la chose frugifère. Il n'est pas même nécessaire, par exemple, pour le blé, qu'il soit engrangé ; il suffit qu'il ait été coupé, même s'il est encore sur le sol où il avait poussé.

173. Pour les fruits *civils* la question est plus délicate et a donné lieu à controverse.

Il s'agit de savoir, en effet, si le possesseur les acquiert jour par jour, comme l'usufruitier, ou bien s'il ne les acquiert qu'au jour de la perception matérielle et effective.

Domat a soutenu jadis qu'il fallait assimiler le possesseur à l'usufruitier : « Si les revenus d'un « fonds, dit-il, possédé par un détenteur de bonne « foi, viennent successivement et de jour en jour, « comme les loyers d'une maison, le revenu d'un « moulin, d'un bac, d'un péage et les autres sem- « blables, et qu'il soit évincé, il aura ce qui se trou- « vera échu jusqu'à la demande et rendra le « reste » (1). M. Demolombe nous apprend aussi que le Code hollandais, dans son article 632, déclare formellement « que le possesseur de bonne foi est regardé comme un usufruitier. » (2)

174. A côté de ces raisons, qui pèchent à notre

1. Domat, *Lois civiles*, liv. III. tit. V, sect. III, n° 7.
2. Demolombe, *loc. cit.*

sens par leur ancienneté comme par leur extranéité, on prétend que l'article 586 doit s'appliquer au possesseur de bonne foi comme à l'usufruitier, en reconnaissant toutefois volontiers que la loi exige une *perception* des fruits, même des fruits civils. L'article 138 qui parle de fruits *perçus* de bonne foi, sans distinguer entre les fruits naturels et les fruits civils, démontre bien la nécessité de la perception dans tous les cas.

Mais le point délicat de la controverse est précisément de savoir ce que l'on entend par perception en matière de fruits civils. La loi exige-t-elle une perception matérielle ou simplement une perception fictive, qui se produirait d'elle-même au jour de l'échéance ? C'est ce que l'on soutient dans l'opinion opposée à la nôtre.

Dans l'article 1401, nous dit-on, la loi ne met-elle pas en effet sur le même rang et comme des mots synonymes les expressions « *échus* ou *perçus* pendant le mariage » (1401 2°), lorsqu'elle parle des fruits, revenus, intérêts et arrérages des propres des époux, qui tombent dans la communauté ?

On dit encore : les articles 583 et suivants, qui ont été placés par le législateur au titre de l'usufruit forment en réalité le droit commun en matière de distinction des diverses catégories de fruits, et aussi lorsqu'il s'agit de déterminer la façon dont ils sont acquis par le détenteur. Ils sont donc applicables en toute autre matière où le législateur n'y a point dérogé formellement.

D'ailleurs, ajoute-t-on, ce serait faire au possesseur une situation moins favorable que celle de l'usufruitier, que de lui refuser l'acquisition des fruits jour par jour. Or, la loi donne généralement des droits plus étendus au possesseur de bonne foi qu'à l'usufruitier.

Enfin, on dit encore que le possesseur a compté sur les fruits civils, qu'il a réglé ses dépenses en conséquence, et que le fait de les lui enlever en totalité si sa possession cesse avant le jour de la perception effective, serait la cause pour lui d'un préjudice grave, contraire d'ailleurs aux principes d'équité sur lesquels repose la disposition de l'article 549 (1).

175. Nous ne pouvons admettre cette argumentation. Tout d'abord nous posons en principe que la règle fondamentale en matière de fruits c'est qu'ils appartiennent au propriétaire de la chose frugifère. Voilà le droit commun. Le fait d'accorder les fruits au possesseur de bonne foi étant une simple dérogation à cette règle fondamentale, le législateur était bien libre de subordonner cette faveur, à certaines conditions, ce qu'il a fait en exigeant très nettement la *perception* dans l'article 549 d'abord qui parle de *rendre* (or on ne peut *rendre* que ce que l'on a *perçu*), et plus nettement encore dans l'article 138 dont nous connaissons les termes significatifs.

1. Zachariæ, § 201 ; Laurent, VI, n° 206, p. 275 ; Dalloz. *Rep. Propriété*, n° 365, 3°.

D'autre part, nous estimons que l'article 586 n'a pas à s'appliquer ici ; sa disposition en effet se conçoit très bien lorsqu'il s'agit de l'usufruitier qui lui a un véritable *droit* à jouir de la chose, et qui en jouit chaque jour pour une fraction correspondante à ce jour. Mais le possesseur, lui, n'a pas d'autre droit que celui que la loi fait dériver de sa bonne foi et de sa possession. Or, du moment que les fruits ne sont pas tombés entre ses mains pendant la durée de sa possession, il ne pourra évidemment rien réclamer au propriétaire. D'ailleurs le Droit romain ne lui refusait-il pas les fruits non consommés, et si la loi actuelle les lui laisse n'est-ce pas simplement pour éviter des recherches souvent fâcheuses et difficiles ? Mais ces raisons ne peuvent aller jusqu'à autoriser le législateur à donner au possesseur le droit de réclamer des fruits non encore perçus, et il ne l'a point fait d'ailleurs.

176. On nous objecte encore qu'on appauvrira, qu'on ruinera même le possesseur, qui aura sans doute réglé ses dépenses dans l'espérance de toucher les fruits civils à leur échéance.

Il faut remarquer tout d'abord, que s'il s'agit des fruits civils de l'année courante, il subira le même préjudice en ce qui concerne les fruits naturels, et le législateur lorsqu'il s'est agi de ces derniers fruits ne s'est pas laissé arrêter par une semblable considération. L'article 1571 qui dispose qu' « *à la « dissolution du mariage des fruits des immeubles*

« *dotaux se partagent entre le mari et la femme ou*
« *leurs héritiers à proportion du temps qu'il a duré*
« *pendant la dernière année,* » l'article 1571, disons-
nous est une disposition d'une nature toute exceptionnelle et qui ne peut point être étendue au possesseur de bonne foi.

S'il s'agit maintenant des fruits civils de plusieurs années le fait que le possesseur a pu vivre
sans ces fruits démontre mieux que tout qu'il ne
subit aucun dommage appréciable, aucun *damnum emergens*, en tous cas (1).

177. Il faudrait cependant décider qu'il y a perception effective des fruits civils et acquisition de
ces fruits par le possesseur, dans le cas où ce dernier les aurait cédés ou délégués à des tiers (2).

Il faudrait décider aussi, à notre avis, que si le
possesseur avait perçu des fruits civils par antici-
pation, le propriétaire aurait bien le droit de
l'obliger à restituer ces fruits quoique perçus. Il
faudrait cependant excepter de cette mesure le cas
où le possesseur, en touchant les fruits par antici-
pation, n'aurait fait en cela que se conformer aux
usages du lieu relativement à ces fruits. Il ne devrait
alors aucune restitution.

---

1. En ce sens : Demolombe, IX, n° 627, et s. ; Aubry et
Rau, II, § 206, p. 275, texte et note, 29 ; Orléans 11 janvier
1840. Dall. *Rep. Propriété.* n° 365 ; Req. 30 juin 1840. Sir. 40,
1, 884. Cassat. 26 février 1847. Sir, 48, 2, 213.

2. Demolombe, *loc. cit.*

178. Il peut même se présenter des cas où le possesseur fait les fruits siens *avant* son entrée en possession. C'est ainsi que celui qui a pris possession des biens d'une succession à laquelle il se croyait appelé, par erreur, doit, en vertu de l'effet rétroactif de son acceptation, être réputé avoir possédé ces biens du jour même de l'ouverture de la succession. Il a donc droit aux fruits perçus antérieurement à son acceptation par la personne chargée à cette époque d'administrer la succession (1).

Section II. — Des fruits que le possesseur doit restituer. — De l'application en Droit français de la règle « fructus augent hereditatem ». — Comment se font les restitutions.

§ 1. — *Des fruits que le possesseur doit restituer.*

179. La règle est que le possesseur fait les fruits siens tant qu'il les perçoit de bonne foi. Du jour donc où cesse sa bonne foi, il doit restituer les fruits perçus postérieurement à sa mauvaise foi survenue. De ces deux propositions il résulte que le possesseur doit restituer :

1° Les fruits perçus par lui depuis la survenance

1. En ce sens : Aubry et Rau, § 206, *loc. cit*; Paris, 5 juillet 1834 ; Dall. 1834, 2, 217. civ. rejet, 7 juin 1837. Dall. 1837, 1, 363; Paris, 13 avril 1848, Sir. 48, 2, 313; V. cepend. *Contrà* : Demolombe, IX, n° 629.

de la mauvaise foi. Nous aurons à examiner, par la suite, à ce sujet, si le possesseur peut invoquer en sa faveur la disposition de l'article 2277 relative à la prescription extinctive des intérêts, loyers et arrérages par un délai de cinq ans :

2° Tous les produits qui n'ont pas le caractère de revenus périodiques. On sait que, sur ce point, nous avons admis une théorie plus extensive que celle qu'adoptent généralement les auteurs ;

3° Enfin tous les fruits perçus depuis la demande en justice, conséquence que nous avons déduite du caractère rétroactif du jugement à intervenir.

180. La prescription de cinq ans organisée par l'article 2277 est-elle applicable aux restitutions de fruits auxquelles est soumis le possesseur de bonne foi ? On a soutenu l'affirmative (1).

Mais tout d'abord il ne s'agit pas ici des revenus « payables par année ou à des termes périodiques plus courts », dont parle le texte de cet article. Il est vrai que la doctrine, et la jurisprudence surtout, ont étendu parfois ce texte à des hypothèses qui ne rentraient pas absolument dans les termes de la loi. Mais encore faut-il, pour que l'article 2277 s'applique, que l'on ne possède pas à l'insu du maître, ce qui a bien lieu dans le cas du possesseur de bonne foi.

On a dit aussi : les débiteurs et fermiers dont il est parlé en l'article 2276 sont en réalité, vis-à-vis

1. Delvincourt, t. II, p. 3, note 6.

du maître, des possesseurs de mauvaise foi ; donc le possesseur de mauvaise foi doit leur être assimilé. Or la loi ne peut traiter plus défavorablement le possesseur de bonne foi en lui refusant le bénéfice de la prescription de cinq ans.

A cet argument il faut répondre que le possesseur de mauvaise foi ne peut pas être assimilé aux fermiers et aux autres débiteurs de l'article 2277, parce qu'il possède sans droit aucun, par suite même peut-être d'un délit ou d'un quasi-délit (1). L'argument qu'on nous oppose tombe donc de lui-même.

181. Non seulement le possesseur de bonne foi ne doit pas la restitution des fruits perçus pendant la durée de sa bonne foi, mais encore il n'est pas tenu des détériorations survenues à l'immeuble par cas fortuit (arg. art. 1379). Quant aux objets mobiliers dont il a disposé, il n'est tenu que d'en restituer le prix. Nous tirons cette proposition de la disposition de l'article 1380 qui déclare que « si celui qui a reçu de bonne foi a vendu la chose, il ne doit restituer « que le prix de la vente », en voyant dans cette disposition l'énoncé d'un principe général en matière de possession de bonne foi (2).

Noùs aurons d'ailleurs l'occasion de revenir sur

1. V. en ce sens. Duranton, IV, 463 ; Demolombe, IX, 639 ; Zachariæ, § 201, note 10 ; Aubry et Rau, § 219, p. 394 ; Req. rej. 13 décembre 1830. Sir. 31, 1, 24.
2. Cassat. 21 mai 1848 ; Sir. 49, 1, 125.

cette question en traitant des moyens de protection
que la loi accorde au possesseur de bonne foi.

§ 2. — *De la règle « fructus augent hereditatem ».*

182. En Droit romain le principe était que « les
fruits augmentent l'hérédité », et doivent être restitués avec elle à l'héritier qui réclame la succession.

Les auteurs sont d'accord pour admettre qu'avant
le règne d'Hadrien les restitutions dues par le possesseur de bonne foi défendeur à une action en
pétition d'hérédité étaient semblables à celles qui
étaient dues en cas de revendication. Le sénatus-
consulte Juventien changea cette règle : il prescrivait que le possesseur de bonne foi de l'hérédité
devait rendre à l'héritier tout le profit qu'il avait
retiré de la succession ; c'est ce qu'exprime l'adage
« *fructus augent hereditatem* ».

D'ailleurs, le possesseur ne devait jamais être
constitué en perte de ce chef. Des controverses s'é-
taient élevées sur le moment où devait s'apprécier
la *locupletatio*, l'enrichissement ; toutefois la règle
prévalut que ce moment était celui de la *res judicata*. Le possesseur de l'hérédité devait donc restituer outre l'hérédité tous les fruits existant lors de
la *litis contestatio* et l'enrichissement produit par
la consommation des autres fruits. La règle que le
possesseur ne pouvait pas être appauvri par les res-

titutions s'appliquait tant aux fruits qu'au capital lui-même (1).

Remarquons, pour que nous puissions apprécier sainement ces dispositions, que l'héritier apparent n'a en somme aucun titre, et que, par conséquent, il n'existe aucun motif juridique pour lui attribuer les fruits de la succession. L'acheteur, lui, au contraire, a déboursé son prix, et il est juste que la loi lui fournisse quelque compensation. Mais l'héritier apparent n'a, à son actif, qu'une erreur, et c'est peu de chose vraiment pour fonder un droit aux fruits.

183. Dans l'ancien Droit on hésitait entre l'application rigoureuse du sénatus-consulte Juventien, et les principes de l'équité. Guy du Rousseau nous dit qu'une différence fondamentale existait entre les défendeurs à une action en revendication et les héritiers apparents. Ces derniers devaient restituer les fruits sans qu'on les eût expressément demandés. Au xviie siècle on distinguait encore entre les fruits perçus antérieurement à la demande qui étaient dus par l'héritier apparent en vertu de l'adage « *fructus augent hereditatem* », et les fruits perçus depuis la demande qui étaient dus à un titre nouveau (2). Mais dès cette époque les jurisconsultes ne cessèrent de protester contre la rigueur de ce principe.

1. Fg. 25. §§ 11, 16, D. (5, 3).
2. Arrêts du Parlement de Douai du 16 janvier 1690 ; Parl. de Paris 20 juillet 1830, 9 janvier 1657.

Pothier déclare « que les fruits sont faits pour être dépensés » et continue généreusement en affirmant que si l'héritier a conscience des devoirs qu'impose la richesse il se servira probablement des fruits « pour faire des aumônes » (1). Il reconnaissait cependant que la pratique était contraire à sa doctrine.

Lebrun uous apprend cependant « que la bonne « foi du possesseur de l'hérédité l'exempte de resti- « tuer les fruits de la succession. C'est pourquoi, « ajoute-t-il, si un héritier ayant usurpé la part « de son cohéritier, en a disposé, la bonne foi de « l'acquéreur le dispense de la restitution des fruits. « Mais cela n'a lieu qu'au cas que les fruits ne « soient plus en nature, car s'ils y sont encore il ne « peut se dispenser de les restituer » (2). Dans un autre passage, Lebrun nous dit encore que « si « l'action en pétition d'hérédité s'intente contre un « possesseur de bonne foi, par exemple, contre « celui qui croyait être dans le plus proche degré « parce que celui qui l'aurait dû précéder était « absent depuis longtemps et qu'on avait reçu de « fausses nouvelles de sa mort, elle n'emporte que « la restitution des fruits existants ou dont le pos- « sesseur s'est enrichi » (3). Domat enfin était d'avis que dans le cas de bonne foi du possesseur de l'hérédité, il était équitable de modérer la restitu-

1. Pothier, *Du domaine de propriété*, n⁰ 460.
2. Lebrun, *Des successions*. Liv. II, chap. VII, sect. 1, n⁰ 17 et 18.
3. *Loc. cit.* n⁰ 18, 3⁰.

tion des fruits (1). Il semblait juste aussi que ce fût à l'héritier de prouver que le possesseur s'était enrichi ; c'était en tous cas le vœu de Pothier. Quoi qu'il en soit des opinions des auteurs, il est certain que la jurisprudence de l'ancien Droit admettait encore, dans une large mesure, l'application du sénatus-consulte Juventien.

184. Il nous a paru intéressant de donner ces quelques notions historiques avant d'étudier les textes du Code civil relatifs à la matière, d'autant que les dispositions du sénatus-consulte appartiennent bien aujourd'hui à l'histoire. Pour nous, en effet, le législateur moderne a rompu nettement sur ce point avec la tradition de l'ancienne jurisprudence.

Il y a un texte, l'article 138, qui dispose que « *tant que l'absent ne se représentera pas, ou que les* « *actions ne seront point exercées de son chef, ceux qui* « *auraient recueilli la succession gagneront les fruits par* « *eux perçus de bonne foi* ».

Il s'agit bien évidemment là des possesseurs de bonne foi d'une hérédité ; or, la loi les autorise à gagner les fruits.

Mais faut-il voir dans ce texte une disposition isolée et exceptionnelle, rompant avec la règle générale contraire qu'aurait admise le législateur du Code civil, ou bien une simple application de la règle générale conforme, à un cas particulier ?

1. Domat. Liv. III, tit. V. Sect. III.

La doctrine et la jurisprudence sont d'accord pour décider qu'il s'agit, dans l'article 138, d'une simple application du principe général et que les dispositions du sénatus-consulte Juventien ont disparu de notre Droit. Aujourd'hui l'assimilation est complète entre la revendication et la pétition d'hérédité en ce qui concerne l'attribution des fruits au possesseur de bonne foi (1).

185. Peut-on cependant élever des doutes sur cette solution ? Les articles 549 et 550 sont en réalité des exceptions à la règle que les fruits appartiennent au propriétaire de la chose frugifère. Ne peut-on pas prétendre alors que l'article 138 est tout simplement une autre exception parallèle à cette règle générale. En somme, le cas qu'il prévoit mérite une disposition de faveur : on hésite sur la vie ou la mort de l'absent, les probabilités étant plutôt pour la mort dudit absent, et les héritiers apparents risquant fort, dans ces conditions, d'être les véritables héritiers. On comprendrait donc fort bien que le législateur se fût montré particulièrement large à leur égard. Mais quand l'héritier n'est pas absent, on comprendrait très bien que la règle de l'article 547 reprit tout son empire.

Malgré ces raisons, qui ne sont pas sans valeur, il faut le reconnaître, nous admettons la solution

---

1. V. cependant en sens contraire un arrêt de Bordeaux du 20 mars 1831 (Dall., *Rép.*, *dispositions*, n° 287) qui est resté isolé.

contraire parce qu'il est certain que le législateur a
voulu faire droit aux vœux formulés, en cette matière, par Pothier, Lebrun et Domat, et qu'aucune
disposition de la loi ne vient rétablir la distinction
de l'ancien Droit entre la revendication et la pétition d'hérédité.

186. Il faut remarquer toutefois que l'article 138
n'abroge la règle *fructus augent hereditatem*
que dans une certaine mesure. Il l'abroge seulement
en matière de pétition d'hérédité contre un possesseur de bonne foi, mais à cela se borne sa disposition. C'est ainsi qu'il faut décider que les fruits
perçus pendant l'indivision seraient joints certaine-
ment à l'hérédité, et que l'héritier qui les a perçus
en doit compte lors du partage (1).

187. En résumé donc l'acquisition des fruits par
le possesseur de bonne foi a lieu aujourd'hui sans
qu'il y ait lieu de distinguer si la possession est à
titre universel ou à titre particulier. C'est surtout à
cette proposition que nous voulions en venir en
exposant les vicissitudes par lesquelles a passé le
vieil adage *fructus augent hereditatem*.

188. L'article 127 du Code civil au titre de l'absence décide que les envoyés en possession provi-
soire ne sont tenus de rendre à l'absent, s'il revient,
que le cinquième des revenus si le retour a lieu avant

1. Aubry et Rau, IV, p. 304, note 20 ; Laurent, IX, n° 542,
p. 618.

quinze ans, et le dixième, si le retour n'a lieu qu'a-
près quinze ans.

D'aucuns ont voulu voir dans cette disposition une
conception particulière de la bonne foi chez les possesseurs, une sorte de bonne foi *croissant* avec le
temps. Pour nous, il n'y a là aucune question de
bonne foi en jeu ; la bonne foi d'ailleurs, nous l'a-
vons posé en principe, ne peut coexister avec le
doute, si léger qu'il soit. La disposition se justifie
simplement comme compensation des soins que les
envoyés donnent à la chose de l'absent.

§ 3. — *Comment se font les restitutions.*

189. La manière dont se font les restitutions est
réglée par l'article 129 du Code de procédure civile,
ainsi conçu : « Les jugements qui condamneront à
« une restitution de fruits ordonneront qu'elle sera
« faite en nature pour la dernière année ; et pour
« les années précédentes, suivant les mercuriales du
« marché le plus voisin, eu égard aux saisons et aux
« prix communs de l'année ; si non à dire d'experts
« à défaut de mercuriales. Si la restitution en na-
« ture pour la dernière année est impossible, elle
« se fera comme pour les années précédentes. »

Il est intéressant de comparer ce texte avec l'article 1er du titre 30 de l'ordonnance de 1667, qui sta-
tuait ainsi : « (Les fruits) de la dernière année se-
« ront délivrés en espèces, et quant à ceux des

« années précédentes la liquidation sera faite eu
« égard aux quatre saisons et prix commun de
« chaque année si ce n'est qu'il en ait été ordonné
« autrement par le juge ou convenu entre les
« parties. »

La même distinction est faite dans les deux textes
entre les fruits de la dernière année et ceux des
années précédentes. En ce qui concerne toutefois
les premiers, tandis que l'ordonnance de 1667 prescrit qu'ils seront délivrés en espèces, l'article 129
du Code de procédure civile décide, au contraire, qu'ils
seront délivrés en nature, à moins que cela ne soit
impossible.

De plus, à défaut de mercuriales, l'article 129
exige une expertise, alors que rien de semblable
n'est prescrit dans le texte de l'ordonnance de 1667.

190. Il faut remarquer que la « dernière année »
dont il s'agit ici, est celle qui précède la demande
en justice. Quant aux fruits perçus depuis la demande, la restitution doit en être faite en nature
dans tous les cas, et le possesseur n'en peut dis-
poser qu'au cas d'extrême urgence et avec l'autori-
sation de la justice.

191. Il faut remarquer en outre que le possesseur,
même de mauvaise foi ne doit jamais les intérêts
des fruits que du jour de la demande en justice.
(Arg. art. 1153, C. civ.) Telle était d'ailleurs déjà la
pratique de l'ancien Droit.

Un arrêt de la Cour de cassation du 16 novembre 1874 a décidé qu'en matière de restitution de fruits les modes d'évaluation prescrits par l'article 129 du Code de procédure sont facultatifs pour les juges qui peuvent et doivent même se dispenser d'y recourir s'ils trouvent des éléments suffisants de décision dans les circonstances du procès (1).

Les articles 526 et suivants du Code de procédure civile sont relatifs à la procédure de la liquidation des fruits. Nous nous bornons à les mentionner.

Section III. – Du possesseur de mauvaise foi.

192. Notre étude sur l'acquisition des fruits par le possesseur de bonne foi ne serait point complète si nous n'examinions pas, au moins brièvement, la situation que fait la loi au possesseur de mauvaise foi.

Article 548. — « *Les fruits produits par la chose* « *n'appartiennent au propriétaire qu'à la charge de* « *rembourser les frais des labours, travaux et se-* « *mences faits par des tiers* ». C'est l'application pure et simple du principe que nul ne peut s'enrichir aux dépens d'autrui. « Le texte ne distingue pas entre les personnes de bonne foi, et celles qui sont de mauvaise foi ; il aura il est vrai plus souvent à s'appliquer à ces dernières puisque les premières

1. Dalloz, 76, 1, 392.

en général, gagnent les fruits. Pour qu'il puisse s'appliquer aux personnes de bonne foi, il faut supposer qu'il s'agit de fruits qui ont poussé depuis la demande ou qui sont encore pendants par branches ou racines au moment de la revendication (1). Le Droit romain distinguait à ce sujet : dans le cas ou les récoltes étaient encore pendantes, le possesseur de mauvaise foi n'avait droit à aucune indemnité, et le possesseur de bonne foi lui-même ne pouvait en obtenir une qu'à l'aide de l'exception de dol insérée dans la formule. Dans le cas où les fruits avaient été perçus, après la demande, les deux possesseurs avaient le droit de retenir sur les fruits le montant de leurs déboursés (2).

Dumoulin et Pothier avaient déjà protesté contre cette distinction qui leur semblait inique.

193. Le Code civil a supprimé toute distinction à cet égard entre le possesseur de bonne foi et le possesseur de mauvaise foi. Le propriétaire doit, *dans tous les cas*, le remboursement des frais des labours, travaux et semences; d'ailleurs l'article 548 n'est pas limitatif quant aux frais, et la jurisprudence décide, avec raison à notre sens, que sa disposition s'étend à tous les frais faits par le posses-

1. Duranton, IV, 349 ; Marcadé, sur l'art. 548 ; Demolombe, IX, 584 ; Aubry et Rau, II, § 192, note 31 ; Laurent, VI, n° 236, p. 311.

2. L. 11. C, *de rei vend.*(3, 32) ; L. 36, § 5, D. *de hered. pet.* (5, 3).

seur sur la chose sans exception, relativement aux
fruits (1). C'est ainsi que le possesseur même de
mauvaise foi aurait droit même à la restitution des
impôts.

194. Tel est le droit consacré par la loi en faveur
du possesseur de mauvaise foi : un droit à une indemnité.

En revanche il doit restituer non seulement *tous*
les fruits perçus, mais encore ceux qu'il a négligé
de percevoir et que le propriétaire aurait perçus
s'il n'en avait pas été empêché par l'indue possession du possesseur.

Supposons que le possesseur de mauvaise foi ait
habité lui-même la maison dont il avait l'indue
possession ; il devra, dans ce cas, au propriétaire
une indemnité équivalente au produit des loyers qui
ont échu pendant le temps de la possession.

Toutes ces décisions ont été consacrées par une
tradition constante (2), et sont unanimement admises par la doctrine.

195. Mais il faudrait décider en sens inverse que
le possesseur de mauvaise foi ne serait pas tenu
de restituer au propriétaire revendiquant, les béné-
fices qu'il aurait retirés non pas de la chose elle-
même, mais seulement *à l'occasion* de cette chose,

1. Cassat. 15 janvier 1839 ; Dalloz, *Rép.*, *Obligations*, n° 1422,
1° ; Demolombe, IX, 589. p. 498.
2. Pothier, *Dom. de propriété*, n° 336.

et qui seraient le résultat de son activité et de son intelligence personnelles (1).

196. En ce qui concerne la chose elle-même qui fait l'objet de la restitution, le possesseur de mauvaise foi doit indemniser le propriétaire de tout dommage qui résulterait soit de sa faute propre, soit même d'un cas fortuit.

Article 1379 : « *Si la chose indûment reçue est un* « *immeuble ou un meuble corporel, celui qui l'a reçue* « *s'oblige à la restituer en nature si elle existe, ou sa* « *valeur si elle est périe et détériorée par sa faute ; il* « *est même garant de sa perte par cas fortuit, s'il l'a* « *reçue de mauvaise foi* ».

Ce texte édicte une disposition d'une portée générale, et il ne peut y avoir aucune contestation sur ses conditions d'application.

197. Supposons enfin que la possession de mauvaise foi ait duré trente ans, et qu'au bout de ce laps de temps le possesseur ait acquis l'immeuble par prescription. Devra-t-il dans ce cas encore restituer, non pas l'immeuble puisqu'il lui appartient par hypothèse maintenant, mais au moins les fruits qu'il n'a pu acquérir, vu sa mauvaise foi ? Nous ne le pensons pas. D'une part, en effet, l'article 549 déclare que le possesseur est tenu de rendre la chose avec les fruits *au propriétaire qui la revendique* ; or, dans notre hypothèse, il n'y a

1. Demolombe, IX, 587, p. 497.

plus lieu à revendication. D'autre part, la prescription ayant un effet rétroactif, ce n'est plus à titre de possesseur que les fruits sont acquis au tiers, mais à titre de propriétaire. Le possesseur de mauvaise foi, autrement dit, doit être réputé, après les trente ans, comme ayant toujours été propriétaire des fruits comme de la chose même.

198. Le possesseur de mauvaise foi ne peut être condamné à la restitution des fruits perçus antérieurement à la demande qu'autant que le jugement constate formellement sa mauvaise foi. C'est là une conséquence de la présomption établie par l'article 2268, que la jurisprudence applique avec la dernière rigueur. La Cour de cassation casse les arrêts qui condamnent le possesseur à la restitution des fruits, sans établir qu'il connaissait les vices de son titre (1).

La Cour suprême va même jusqu'à décider qu'une *indue possession*, n'est pas forcément une *possession de mauvaise foi*. Sans doute il appartient à la Cour de faire respecter la disposition bienfaisante de l'article 2268. Mais encore ne faut-il pas, sous ce prétexte, tomber dans un formalisme à la romaine, et faire jouer aux mots un rôle plus important qu'à l'idée qu'ils expriment.

1. Cassat. 8 février 1830, Sir. 30, 1, 94 ; Cassat. 24 février 1834, Sir. 34, 1, 78 ; Cassat. 25 mars 1835. Sir. 35, 1, 529 ; Cassat. 7 janvier 1861, Sir 61, 1, 143 ; Cass. 3 mai 1869, Dalloz 1869, 1, 254.

Appendice au chapitre premier

199. Le possesseur de bonne foi peut-il immobiliser par destination ?

En principe, le propriétaire seul jouit de la prérogative de pouvoir immobiliser par destination. La plupart des auteurs cependant étendent cette faveur au possesseur de bonne foi, parce que, disent-ils, il possède *animo domini*, et que de ce fait il peut se conduire par rapport aux fonds comme le véritable propriétaire. La loi ne lui attribue-t-elle pas en effet d'une façon formelle dans les articles 549 et 550 le droit de faire les fruits siens. C'est donc *a fortiori* qu'il a le droit d'immobiliser puisque ce droit est en somme moins étendu dans ses conséquences que le droit de faire les fruits siens (1).

Quelques auteurs vont même jusqu'à accorder ce droit au possesseur de mauvaise foi. Quant à nous, nous ne saurions les suivre dans cette voie, les raisons que nous venons de donner en faveur du possesseur de bonne foi ne pouvant plus s'appliquer au cas où la possession est de mauvaise foi. La loi en effet n'a pas songé, dans aucune de ses dispositions à assimiler le possesseur de mauvaise foi au propriétaire, et il n'appartient pas à l'interprète de suppléer au silence des textes.

1. Duranton, IV, n° 59 ; Marcadé sur l'art. 524, n° 4 ; Demolombe, IX, n° 208, et 209 ; Laurent, V, n° 437 ; Aubry et Rau, II, § 164 note 35.

CHAPITRE II

DU CONSTRUCTEUR DE BONNE FOI

Des personnes qui peuvent invoquer les dispositions de l'article 555. — A quels travaux s'applique ce texte. — Des droits du tiers constructeur de bonne foi.

§ 1. — *Des personnes qui peuvent invoquer les dispositions de l'article 555.*

200. *Article 555.* « Lorsque les plantations, cons-
« tructions et ouvrages ont été faits par un tiers
« et avec ses matériaux, le propriétaire du fonds a
« droit ou de les retenir, ou d'obliger ce tiers à les
« enlever.

« Si le propriétaire du fonds demande la suppres-
« sion des plantations et constructions, elle est aux
« frais de celui qui les a faites, sans aucune indem-
« nité pour lui, il peut même être condamné à des
« dommages et intérêts, s'il y a lieu, pour le préju-
« dice que peut avoir éprouvé le propriétaire du
« fonds.

« Si le propriétaire préfère conserver ces planta-
« tions il doit le remboursement de la valeur des
« matériaux et du prix de la main-d'œuvre, sans
« égard à la plus ou moins grande augmentation de
« valeur que le fonds a pu recevoir. *Néanmoins si*
« *les plantations, constructions et ouvrages ont*
« *été faits par un tiers évincé, qui n'aurait pas*
« *été condamné à la restitution des fruits, attendu*
« *sa bonne foi, le propriétaire ne pourra deman-*
« *der la suppression desdits ouvrages, planta-*
« *tions et constructions ; mais il aura le choix,*
« *ou de rembourser la valeur des matériaux et*
« *du prix de la main-d'œuvre, ou de rembour-*
« *ser une somme égale à celle dont le fonds a*
« *augmenté de valeur* ».

201. La première remarque que suscite chez l'interprète la lecture de ce texte, l'un des plus longs
du Code, c'est la singularité de sa rédaction même.
La première partie de l'article, en effet, semble poser
un principe général et absolu en matière de constructions et plantations faites par un tiers sur le
fonds d'autrui. Puis la deuxième partie vient apporter à ce principe une dérogation tellement importante, en faveur du tiers de bonne foi, qu'elle
réduit le principe du début au simple rôle de premier terme d'une distinction que le texte établit en
somme, dans son ensemble, entre le tiers possesseur
de bonne foi et celui qui est de mauvaise foi.

Il faut savoir pour s'expliquer l'étrangeté de cette

rédaction, que l'article 548 du projet qui est devenu
notre article 555 ne contenait, dans sa forme primitive,
aucune disposition en faveur du possesseur de bonne
foi qui élève des constructions ou fait des plantations
sur le terrain d'autrui. Dans tous les cas, le propriétaire du sol avait le droit de faire enlever ces travaux,
s'il ne préférait d'ailleurs les conserver en payant la
valeur des matériaux et le prix de la main-d'œuvre.
La section de législation du Tribunat fit alors observer que cette disposition était trop dure pour le possesseur de bonne foi, et le Conseil d'Etat faisant
droit à cette observation, ajouta la fin de l'article en
la liant au commencement par le seul mot « néanmoins ». Peut-être aurait-il mieux valu, dans ces
conditions, refondre complètement le texte.

202. Quoi qu'il en soit des termes dont s'est servi
le législateur, il a néanmoins manifesté sa pensée
d'une façon évidente. L'article 555 n'est, en somme,
pris dans son ensemble, qu'une exception à la
règle de l'article 552 qui forme le principe de
la matière. Le propriétaire est donc réputé, de par
la loi, propriétaire des plantations et des constructions qui se trouvent sur son sol, et cela jusqu'à preuve
contraire fournie par le constructeur réel Si cette
preuve est faite par le possesseur c'est alors que s'appliquent les dispositions édictées par l'article 555,
mais la preuve reste, *en tous cas*, à la charge du
possesseur, qu'il soit de bonne foi ou de mauvaise
foi.

203. Quels sont donc exactement les *tiers* d'une façon générale, dont parle le texte de l'article 555 ?

De l'expression même de *tiers* dont se sert cet article, il résulte tout d'abord qu'il ne peut s'agir ici d'un constructeur agissant pour le compte du propriétaire, comme par exemple, en qualité de gérant d'affaires, de mandataire ou d'administrateur. Les rapports du constructeur et du propriétaire seraient dans ces divers cas réglés par les dispositions de la loi relatives au mandat ou à la gestion d'affaires, qui se suffisent à elles-mêmes (1).

204. Le texte de l'article 555 ne vise pas non plus les travaux faits soit par un propriétaire sous condition résolutoire, soit par un cohéritier ou tout autre co-propriétaire.

Tout d'abord, pour le propriétaire sous condition résolutoire, l'événement de la condition remettant toutes choses dans le même état où elles étaient avant le contrat, il est certain qu'il pourra être obligé à enlever ses constructions ou plantations. C'est ce qui se produira, par exemple, pour l'adjudicataire évincé par suite de folle enchère, et même pour l'acquéreur avec pacte de retrait, dont la situation est réglée par l'article 1673 du Code civil, qui ne lui accorde qu'un droit à la plus-value produite par les *réparations nécessaires* faites à l'immeuble qui est l'objet du retrait.

1. Demolombe, IX, 691 ; Aubry et Rau, II, § 204, p. 261, texte et note 17.

« Toutefois, disent MM. Aubry et Rau, il faut
« reconnaître que le caractère particulier de telle ou
« telle condition résolutoire et la nature des rap-
« ports existant entre les parties pourraient faire
« admettre une solution contraire, surtout si le
« constructeur, dont le titre se trouve résolu, n'avait
« à se reprocher ni faute ni imprudence. » C'est
pourquoi ces auteurs décident que le cohéritier soumis au rapport et le donataire dont la donation a
été révoquée pour cause de survenance d'enfant, ne
doivent pas être condamnés à enlever les constructions par eux faites et ont le droit à la bonification
de la mieux-value entière qui en est résultée (1).

Les considérations que font valoir ces auteurs en
faveur des solutions qu'ils nous proposent sont sans
doute conformes aux vœux de l'équité la plus pure.
Mais, quant à nous, nous ne connaissons, en matière
de constructions élevées par des tiers, que les textes
de la loi qui y sont relatifs. Or, l'article 555 n'a pas
été écrit pour les hypothèses où la propriété était
transmise sous condition résolutoire, hypothèses qui
sont réglementées par le législateur dans des textes
autres, tels que les articles 862 ou 1673 : et, en
l'absence de toute indication, nous ne pouvons étendre la disposition de faveur de l'article 555 *in fine*,
en dehors des cas prévus par texte.

205. De même, nous décidons que la question de
l'enlèvement des constructions ou de l'indemnité à

____

1. Aubry et Rau, *loc. cit. supra*,

accorder au cohéritier qui a élevé des constructions sur un immeuble durant l'indivision, doit être réglée suivant les dispositions de la loi qui déterminent les rapports entre les cohéritiers.

D'une façon générale, d'ailleurs, au cas de propriété ou d'indivision, la question serait réglée d'après les principes de la société ou de la communauté d'intérêts résultant de l'indivision (1). Comme nous l'avons déjà fait observer lorsqu'il s'agissait de l'attribution des fruits (2), ce sont là des matières qui se suffisent à elles-mêmes, et pour lesquelles le législateur a édicté des dispositions spéciales. Elles ne rentrent donc pas dans le champ d'application de l'article 555. Les auteurs sont d'ailleurs d'accord sur ce point, et la jurisprudence est conforme.

206. La disposition de l'article 555 s'applique-t-elle au moins à tous les *tiers possesseurs*, même à ceux qui ne possèdent qu'à titre précaire comme le fermier ou l'usufruitier? Ou, au contraire, ne s'applique-t-elle qu'aux tiers qui possèdent *animo domini*, à titre de propriétaire, avec bonne ou mauvaise foi d'ailleurs ? Une grave controverse divise les auteurs sur ce point.

Pour le fermier, tout d'abord, il faut distinguer si les travaux ont été exécutés conformément ou en

1. Demolombe, IX, 691 ; Aubry et Rau, II, § 204, texte et notes 18 et 19; Req. rejet 15 décembre 1830, Sir., 31, 1, 25 ; Bordeaux 11 décembre 1838, Sir. 39, 2, 251 ; V. aussi Zachariæ, § 203 p. 234, texte et note 3.

2. *Supra*, n° 117 et s.

exécution des clauses d'un bail, ou s'ils ont été faits de la propre initiative du fermier.

Dans le premier cas, le sort des travaux sera évidemment réglé par les conventions intervenues entre les parties (1) Mais il faut décider cependant, à notre sens, que le seul fait que les travaux auraient été faits au vu et su du bailleur, n'enlèverait pas à ce dernier le droit d'en exiger l'enlèvement ou de les acquérir en en payant la valeur.

207. Mais si aucun contrat n'est intervenu, relatif aux travaux, entre le bailleur et le fermier ou le locataire, leur situation respective serait-elle réglée par l'article 555 ? Et dans le cas où nous admettrions l'application de ce texte à notre espèce, quels seront les droits du propriétaire vis-à-vis du fermier ? Pourra-t-il le considérer oomme un tiers de mauvaise foi, ou bien ne pourra-t-il le traiter qu'à l'égal d'un tiers de bonne foi ?

A l'examen du texte, il semble bien au premier abord que la loi exige, pour son application, qu'il s'agisse d'un *tiers évincé* ; or, dit-on, ni le fermier, ni le locataire ne rentrent dans cette catégorie de personnes, car ils avaient un *droit* à posséder l'immeuble et à jouir. Mais s'il est vrai que la deuxième partie de l'article parle d'un *tiers évincé*, il est à remarquer que sa première partie, par contre, parle d'un *tiers* en général qui a fait des constructions

1. Demolombe, IX, 694; Zachariæ, § 204 ; Req. rej-
1er août 1859, Sir. 60, 1, 67.

sur le fonds d'autrui, sans spécifier autrement si ce tiers a possédé *animo domini*.

Nous ne nions pas d'ailleurs que le but principal de l'article 555 n'ait pas été de régler les rapports du propriétaire revendiquant et du tiers possesseur, mais nous faisons remarquer, en sens inverse, que rien ni dans les termes, ni dans l'esprit du texte, ne s'oppose à ce qu'on puisse y voir une règle générale s'appliquant aux rapports du propriétaire avec les tiers en général, notamment avec les locataires ou fermiers ; pourvu, bien entendu, qu'il n'y ait rien dans les dispositions particulières au louage qui s'oppose à cette interprétation extensive de l'article 555.

208. Remarquons d'ailleurs que les articles 1730 et 1731 qui obligent le preneur à rendre la chose dans le même état que celui où elle lui a été livrée, confèrent d'une façon indubitable au bailleur le droit d'obliger le locataire ou le fermier à enlever ses constructions. D'autre part, ces mêmes constructions appartiennent au propriétaire par voie d'accession, s'il les conserve. Aurait-il, dans ces conditions, le droit de les conserver sans accorder au constructeur aucune indemnité ? Il faudrait, pour soutenir l'affirmative sur ce point, ressusciter la vieille fiction romaine, inique d'ailleurs, qui consiste à supposer que le preneur a construit *animo donandi !* et l'on ne conteste pas que cette fiction n'ait depuis longtemps disparu de nos lois (1). Il faut donc décider que si le bailleur opte pour la conservation des travaux, il devra une indemnité au preneur. Mais le bailleur aura-t-il le choix entre le montant de la dépense d'une part, et la plus-value d'autre part, comme lorsqu'il s'agit d'un constructeur de bonne foi ; ou bien devra-t-il, au contraire, payer la dépense dans tous les cas, cette obligation souvent rigoureuse étant d'ailleurs compensée pour lui par son droit d'exiger l'enlèvement?

Comme le fait remarquer avec raison Zachariæ (2), les auteurs admettent généralement l'application de l'article 555 au fermier et au locataire sans s'expliquer sur le point de savoir s'ils doivent être traités comme des possesseurs de bonne foi, ou comme des possesseurs de mauvaise foi. La plupart des auteurs décident que le bailleur peut se libérer envers le preneur en bonifiant la plus-value, tout en lui reconnaissant la faculté de demander la suppression des travaux, ce qui revient à appliquer distributivement les dispositions de l'article 555 d'une façon en somme assez illégale, et illogique aussi (3).

D'autres veulent obliger, au contraire, le bailleur

1. Le Droit romain n'appliquait d'ailleurs cette fiction qu'au possesseur de mauvaise foi ; quant au preneur il lui reconnaissait le droit l'enlever les constructions. Notre ancien Droit avait suivi les mêmes principes. V. Pothier. *Contrat de louage*, n° 131.

2. V. cet auteur, § 204, p. 234, texte et note 21.

3. Duranton, IV, 381 ; Troplong, *Louage*, II, 354.

à payer dans tous les cas au preneur le montant de ses dépenses. En réalité, disent-ils, le fermier et le locataire ne sont ni des possesseurs de bonne foi, ni des possesseurs de mauvaise foi. Les dispositions de l'article 555 ne leur sont pas, de ce fait, directement applicables. Mais il y a une chose certaine : c'est que cet article fait marcher de concert le droit d'exiger l'enlèvement et le remboursement des dépenses sans option. Or, dans notre espèce, le droit à l'enlèvement nous est consacré par les articles 1730 et 1731. En fait cette théorie revient à assimiler le fermier ou le locataire au possesseur de mauvaise foi (1).

C'est cette dernière opinion qui nous semble répondre le mieux au vœu de la loi ; c'est elle que nous adoptons, avec la jurisprudence qui l'a définitivement consacrée.

209. Les solutions que nous venons de donner pour le fermier et le locataire nous semblent devoir s'appliquer, pour identité de motifs, à l'antichrésiste qui aurait fait des constructions ou plantations sur l'immeuble soumis à l'antichrèse.

210. L'article 555 s'applique-t-il à l'usufruitier ? La question se pose d'une façon encore plus complexe que pour le preneur, car ici nous avons un texte, l'article 599, qui semble suffire à la matière.

1. V. en ce sens. Demolombe, IX, 694 ; Cassal. 3 janvier 1849, Sir. 49, 1, 95 ; Orléans, 20 avril 1849, Sir. 49, 2, 597.

Article 599. — « *Le propriétaire ne peut, par son*
« *fait, ni de quelque manière que ce soit, nuire aux*
« *droits de l'usufruitier.*

« *De son côté l'usufruitier ne peut, à la cessation*
« *de l'usufruit, réclamer aucune indemnité pour*
« *les améliorations qu'il prétendrait avoir faites,*
« *encore que la valeur de la chose en fût augmen-*
« *tée.*

« *Il peut cependant, ou ses héritiers, enlever les*
« *glaces, tableaux et autres ornements qu'il aurait*
« *fait placer, mais à la charge de rétablir les lieux*
« *dans leur premier état.* »

Le Droit romain et l'ancien Droit étaient d'accord
pour reconnaître que l'usufruitier ne pouvait ni
enlever les travaux qu'il avait faits, ni réclamer, à
raison de ces travaux, aucune indemnité au nu propriétaire. C'est au moins ce que nous dit Pothier
dans son traité du Douaire (1). « Faute d'avoir
« consulté pour les (travaux) à faire », nous dit-il,
« le propriétaire qui n'eût peut-être pas voulu s'en-
« gager dans cette dépense, il n'en doit avoir
« aucune répétition, et il doit être censé avoir
« voulu, en les faisant, gratifier le propriétaire,
« *donasse videtur.* »

211. Quelle qu'ait été la tradition, examinons
maintenant le texte de l'article 599. Toute la difficulté réside dans l'interprétation du mot « *amélio-*
rations ». Tout d'abord nous rejetons comme con-

1. *Op. cit.* n° 276.

traire à l'équité et à tous les principes de notre Droit la présomption de donation qui seule peut justifier le droit du propriétaire à conserver les travaux sans indemnité. Tout au contraire nos lois consacrent, dans plus d'une de leurs dispositions, le principe que nul ne peut s'enrichir aux dépens d'autrui sans cause légitime.

Or il est certain que l'article 599 déroge dans une certaine mesure à cette règle fondamentale : il y déroge pour les « *améliorations* », en autorisant le propriétaire à les conserver sans en payer la valeur ou la plus-value à l'usufruitier. Mais quelle est la signification exacte de ce mot? D'une façon générale, une *amélioration*, c'est tout ce qui rend une chose meilleure; en ce sens les réparations nécessaires sont elles-mêmes des améliorations; or on reconnaît, même dans la doctrine que nous combattons ici, que l'article 599 ne leur est pas applicable.

Le législateur, dans cet article, a eu évidemment pour but de supprimer toutes les contestations qui auraient pu s'élever, lors de la cessation de l'usufruit, sur le point de savoir si la chose avait été *améliorée* ou non. Mais des constructions nouvelles, dont le résultat est de créer une chose distincte du fonds sur lequel on les a élevées, ne sont pas de simples améliorations, et les difficultés que le législateur a voulu éviter, en édictant l'article 599, ne risquent pas non plus de s'élever lorsqu'il s'agit de semblables constructions. En revanche il faudrait exclure de l'application de notre théorie tout ce qui ne répondrait pas à ce caractère de constructions nouvelles, par exemple tous les changements, addi-tions ou réparations faits à des bâtiments déjà existants (1).

212. On dit encore : le possesseur de mauvaise foi auquel vous voulez, en somme, assimiler l'usufruitier, mérite cependant plus de faveur que ce dernier. Il est en faute, il est vrai ; mais il à pu néanmoins espérer pouvoir conserver l'immeuble, et l'acquérir, par prescription par exemple. Ce fait explique qu'il ait construit sur le fonds. Mais l'usufruitier, lui, n'a aucune excuse à invoquer : il savait fort bien, qu'en tous cas, il ne conserverait pas le fonds.

Il est vrai que l'usufruitier a commis au moins une imprudence ; mais il est évident, d'autre part, qu'il n'avait nullement l'*animus donandi*. Quelle doit être la conséquence de son imprudence? Sera-ce le refus de toute indemnité? Serait-il possible vraiment qu'il fût traité plus sévèrement qu'un usurpateur! La conséquence de sa faute sera qu'il sera traité comme un possesseur de mauvaise foi, en ce

1. V. en ce sens. Demolombe, IX, 696 ; Zachariæ, § 204, p. 235, texte et note 22; Aubry et Rau, § 204, texte et note 23, et les auteurs cités dans cette note. V. aussi la discussion au conseil d'Etat et le discours de Gary au corps Législatif, Locré, Lég. VIII, p. 250, n° 4; p. 289. n° 11 ; V. *contrà*: Toullier, III. 427 ; Bourges, 24 février 1837 Sir. 38, 2, 108 ; Colmar, 18 mars 1853, Sir. 54, 2, 624.

sens que le propriétaire aura le choix ou de faire enlever les travaux sans indemnité, ou de les con-server en payant la dépense.

Pour les plantations, il faudrait toutefois décider qu'il s'agit là de simples améliorations dans le sens de l'article 599, et que l'usufruit n'a droit, par rapport à elles, à aucune indemnité.

213. Enfin les auteurs décident généralement que le législateur ne paraît pas avoir eu en vue dans l'article 555 l'hypothèse, assez fréquente du reste, où le propriétaire d'un fonds a étendu ses constructions sur le fonds voisin. Ils décident, dans ce cas, que le voisin est toujours autorisé à demander la démolition de la partie des constructions établies sur son fonds, sans qu'il y ait lieu de distinguer si l'empiétement a été commis de mauvaise foi, ou s'il y a eu simple erreur sur les limites des deux fonds voisins (1).

214. Quelles sont enfin d'une façon précise les personnes que le législateur, en leur qualité de « tiers de bonne foi », fait bénéficier des dispositions de faveur de l'article 555 *in fine*? Le texte répond clairement qu'il s'agit d' « *un tiers évincé, qui n'aurait pas été condamné à la restitution des fruits, attendu sa bonne foi.* » Le constructeur

---

1. En ce sens. Zachariæ, § 204, *in fine* et note 24, Cassat. 23 avril 1823, Sir. 23, 1, 381 ; Cassat. 26 juillet 1841, Sir. 41, 1, 836 ; V. cepend. *contrà*. Demolombe, IX, 691 *ter*.

devra donc réunir les conditions que nous avons exigées jadis du possesseur de l'article 550. Aussi n'insistons-nous pas davantage sur ce point.

Il faut cependant remarquer que la bonne foi du constructeur s'apprécie, non lors de l'entrée en possession, mais au moment des travaux (1). C'était la tradition romaine, consacrée par l'ancien Droit, et adoptée aujourd'hui par la presque unanimité des auteurs. Enfin si le possesseur ignorait les vices de son titre au moment de la construction, il pourrait réclamer les droits du constructeur de bonne foi quand bien même il aurait connu les vices du titre par la suite.

§ 2. — *A quels travaux s'applique l'art 555 ?*

215. Le texte de l'article 555 parle d'une façon générale de « *constructions, plantations et ouvrages.* » Les auteurs décident, en majorité, qu'il s'agit de *constructions nouvelles*, *d'ouvrages nouveaux* (2) ; et cependant le texte ne fait aucune distinction de cette espèce entre les ouvrages nouveaux et les autres, et il semble bien qu'il soit applicable

1. Pothier, *dom. de Propriété*, n° 351 ; Duranton, IV, 376 ; Demolombe, IX, 667 ; Zachariæ, § 204, texte et note 12 ; Laurent, VI, n° 263.
2. Demolombe, IX, 685 ; Aubry et Rau, § 204, p. 260 ; Civ. rejet, 22 août 1865, Sir. 66, 1, 153 ; V. cepend. *contrà* : Laurent, VI, n° 268.

dès qu'il s'agit de constructions ou de plantations quelconques.

Il est bien certain, tout d'abord, que lorsqu'il s'agit de travaux de simple entretien, ou de *modifications* à des ouvrages déjà existants l'article 555 ne s'applique pas. Dans ce cas, en effet, la question de bonne ou de mauvaise foi n'est plus en jeu, et les rapports du possesseur et du propriétaire sont réglés par la disposition de l'article 1381, ainsi conçu : « *Celui auquel la chose est restituée doit* « *tenir compte, même au possesseur de mauvaise* « *foi, de toutes les dépenses nécessaires et utiles,* « *qui ont été faites pour la conservation de la* « *chose.* »

Cette opinion était d'ailleurs déjà admise par l'ancien Droit qui, cependant, nous le savons, traitait le possesseur de mauvaise foi, avec une plus grande sévérité que le nôtre. Si fautif qu'il soit, il n'est pas en faute d'avoir fait à la chose des réparations nécessaires à sa conservation.

216. Mais il s'agit dans l'article 1381 de dépenses nécessaires et utiles *faites pour la conservation de la chose.* Or, entre les constructions absolument nouvelles et les dépenses nécessaires à la conservation, il y a place pour des dépenses *utiles*, il est vrai, mais qui ne rentrent ni dans l'une, ni dans l'autre de ces deux catégories de frais.

Il peut y avoir par exemple, des constructions partielles : si le possesseur a achevé un bâtiment commencé autrefois par le propriétaire, et cela d'une manière utile et intelligente ; dans ce cas nous admettons, avec la majorité des auteurs, que ce n'est pas l'article 555 qui s'expliquera, mais l'article 1381. — Le premier de ses textes, en effet, autorise le propriétaire à faire *enlever les travaux*, lorsqu'il s'agit d'un possesseur de mauvaise foi. Il faut donc, pour que s'applique l'article 555 qu'il s'agisse de travaux susceptibles d'enlèvement, ce qui n'est pas le cas ici.

217. De cette proposition qu'il faut qu'il s'agisse de travaux susceptibles d'enlèvement, surgit la question de savoir si l'article 555 s'appliquerait dans le cas où les travaux consisteraient par exemple dans le dessèchement d'un marais opéré par le possesseur, le défrichement d'un terrain inculte, ou dans d'autres hypothèses semblables. Ne serait-ce pas d'une singulière ironie, de la part du propriétaire, que de convier le possesseur à « *enlever* » de semblables travaux ? Le possesseur aurait-il au moins le droit de les détruire, de combler les fossés, d'arracher les plantations ? Pour justifier ce droit, ne pourrait-on pas dire que le propriétaire lui-même donne au possesseur l'exemple de la mauvaise foi en s'enrichissant cyniquement aux dépens d'autrui, et le possesseur n'aurait-il pas le droit de prétendre que par sa destruction il ne fait que suivre l'exemple qu'on lui donne ?

A notre sens, la vérité est que l'article 555 n'a

pas prévu ces hypothèses. Lorsqu'il parle, d'*enlever les travaux,* il suppose, en effet, tout au moins que le constructeur aura le droit de reprendre ses matériaux, ce qui n'a pas lieu ici. M. Demolombe est d'avis d'appliquer ici, par analogie, les dispositions qui règlent les rapports du gérant d'affaires et du maître (1). D'une part, le propriétaire ne sera tenu d'une indemnité que si les travaux lui ont été utiles ; d'autre part, l'utilité ne devra pas être appréciée d'une façon absolue, mais d'une façon relative, c'est-à-dire par rapport au propriétaire du fonds. Comment pourrait-on, en effet, obliger celui-ci à donner une indemnité pour des travaux qui, quoiqu'utiles en eux-mêmes, ne lui seraient cependant, à lui personnellement d'aucune utilité ? D'ailleurs, le juge pourra tenir compte du degré de la mauvaise foi chez le possesseur. Nous reconnaissons volontiers que cette doctrine est éminemment équitable et que dans le silence des textes il est permis à l'interprète d'emprunter à d'autres matières analogues les dispositions qui semblent s'imposer dans la nôtre.

Mais supposons maintenant que le juge, après examen, n'accorde aucune indemnité au possesseur. Celui-ci aura-t-il le droit de détruire les ouvrages ? Nous ne le pensons pas. Car alors le possesseur ne peut s'en prendre qu'à son imprudence s'il a subi une perte, et le fait qu'aucune indemnité ne lui est accor-

1. V. *loc. cit. suprà.*

dée, ne justifierait pas aux yeux de la loi, l'acte anti-économique qu'il accomplirait. C'est dans cet ordre d'idées que le Parlement de Paris condamna autrefois à des dommages-intérêts envers le propriétaire, le locataire d'une maison qui, n'ayant pas pu obtenir d'indemnité pour des peintures murales qu'il laissait sur l'immeuble, avait gratté ces peintures avant son départ.

218. Les explications qui précèdent étaient nécessaires pour que nous puissions résoudre la question qui se pose maintenant spécialement pour le possesseur de bonne foi. Doit-on, en ce qui le concerne, distinguer entre les travaux susceptibles d'enlèvement et les autres travaux ? Doit-on, si l'on répond par l'affirmative, lui appliquer, à lui aussi, les solutions qui précèdent ?

Nous ne le pensons pas. En effet, lorsqu'il s'agit du possesseur de bonne foi la loi interdit au propriétaire d'opter pour l'enlèvement des travaux, et elle ne lui donne qu'un droit de choisir entre deux modes d'établir l'indemnité. Il en résulte que, même s'il s'agit de travaux non susceptibles d'enlèvement, l'article 555 *in fine* est parfaitement applicable. Le propriétaire devra donc une indemnité dans tous les cas, pourvu, bien entendu, qu'il y ait une plus-value, le propriétaire ayant d'ailleurs choisi ce terme de l'option qui lui est offerte.

219. Quant aux dépenses simplement voluptuaires qui n'auraient pas augmenté le revenu du fonds, le propriétaire pourra n'être condamné à leur propos à aucune espèce d'indemnité ; le possesseur de bonne foi pourrait seulement les enlever, si toutefois il n'en résulte aucun dommage pour le fonds.

220. Le texte de l'article 555 ne parle que de travaux faits par un tiers sur le fonds d'autrui avec des matériaux lui appartenant en propre.

Il faut décider, à notre avis, que si les matériaux n'appartenaient pas au possesseur lui-même, cette circonstance ne changerait rien aux rapports du possesseur avec le propriétaire du fonds. Le possesseur, à la vérité, devrait, à son tour, s'arranger avec le propriétaire des matériaux.

Supposons maintenant que les travaux ont été faits par un tiers qui ne possédait pas le fonds. L'article 555 s'appliquerait encore dans les rapports du tiers constructeur avec le propriétaire, la bonne ou la mauvaise foi du tiers constructeur entrant ici seule en jeu, et non la bonne ou la mauvaise foi du possesseur. C'est d'ailleurs, sur ces deux solutions, l'opinion généralement admise par la doctrine (1).

221. Si les constructions avaient été enlevées avant toute réclamation de la part du propriétaire du sol, les principes posés dans l'article 555 n'auraient plus lieu de s'appliquer. La règle est que le

1. En ce sens. Taulier, II, p. 274 ; Demolombe, IX, p. 677 ; Marcadé sur l'art, 555, n° 7 ; Demante, II, 392 *bis*, X.

possesseur, d'une façon générale, doit restituer l'immeuble tel qu'il l'a reçu. Faute de quoi, il peut être passible de dommages-intérêts, même s'il est de bonne foi (1).

§ 3. — *Des droits du constructeur de bonne foi.*

222. L'article 553, nous le savons, établit en faveur du propriétaire la présomption que les constructions qui ont été élevées sur son sol lui appartiennent comme le fonds lui-même, et que, par conséquent, ces constructions ont été élevées à ses frais. Il appartiendra donc au possesseur, sans distinguer ici s'il est de bonne ou de mauvaise foi, de faire la preuve contraire. D'ailleurs il faut décider que cette preuve pourrait être faite même par témoins, car il s'agit ici de la preuve d'un simple fait matériel (2).

223. Cette preuve une fois faite, la loi traite différemment le possesseur de bonne foi et le possesseur de mauvaise foi, en favorisant le premier, semble-t-il. Vis-à-vis d'un possesseur de mauvaise foi, en effet, le propriétaire a le choix ou de l'obliger à enlever les travaux, ou de les retenir en en payant le coût. S'il s'agit au contraire d'un possesseur de bonne foi, le propriétaire ne peut pas le

1. En ce sens, Aubry et Rau, II, § 204, p. 258, note 9. V. les auteurs et la jurisprudence rapportés dans cette note.

2. Demolombe, IX, 697, *bis*; Aubry et Rau, II, § 192, p. 180, note 4 ; Arrêt de rejet du 23 mai 1860, Dall. 60, 1, 384.

contraindre à l'enlèvement ; il lui doit une indemnité, et relativement à celle-ci il a le choix entre la plus-value acquise par le fonds par suite des travaux, d'une part, et le coût desdits travaux, d'autre part.

Certes le vœu du législateur devait être sans doute d'édicter une disposition de faveur à l'égard du possesseur de bonne foi. Mais on peut se demander, en présence des dispositions de l'article 555, si, dans leur application pratique, elles ne vont pas précisément à l'encontre de l'intention qui les a dictées. Autrement dit, ne résulte-t-il pas du texte de l'article 555 que le possesseur de mauvaise foi sera traité souvent plus favorablement que celui qui est de bonne foi ?

Prenons une espèce. Secundus, possesseur de mauvaise foi, a construit sur le fonds de Primus une construction qui lui a coûté trente mille francs. Le propriétaire aura le droit ou de faire enlever la construction, ou de la conserver en payant les trente mille francs. Supposons maintenant que la construction ait été élevée par Tertius, possesseur de bonne foi qui, dans ce but, a dépensé également trente mille francs. La plus-value que le fonds a reçue du fait de la construction n'est que de vingt mille francs, et il faut remarquer que d'une façon générale la plus-value sera toujours inférieure à la dépense. Primus, bien évidemment, ne remboursera à Tertius que cette plus-value, soit vingt mille francs, et de ce fait Tertius sera traité plus défavorablement que Secundus.

On dit, il est vrai : mais le propriétaire a le droit, très rigoureux, vis-à-vis de Secundus, de lui faire enlever ses constructions. Il a, en tous cas, la faculté de lui dire : cédez-moi vos constructions pour dix mille francs, sinon je vous les fais enlever. Mais il n'en est pas moins vrai que si Secundus voit que le propriétaire tient aux constructions, et que si lui-même tient bon, il touchera ses trente mille francs, soit dix mille de plus que Tertius qui lui cependant est de bonne foi.

Quoi qu'il en soit de ces résultats souvent critiquables, l'interprète n'a pas à faire œuvre législative et doit se borner à regretter que les excellentes intentions du législateur ne se soient pas réalisées dans son texte.

224. Une autre anomalie existe dans cet article 555. Tandis qu'en effet dans l'article 554, qui le précède, dans le cas où une construction a été faite avec les matériaux d'autrui, le propriétaire des matériaux n'a pas le droit de revendiquer ses matériaux mais seulement de demander une indemnité, l'article 555 permet au contraire au propriétaire du sol de faire enlever les constructions élevées par le possesseur de mauvaise foi. Et cependant les raisons économiques qui justifient la disposition de l'article 554, justifieraient *a fortiori* une disposition analogue dans le cas de l'article 555 ; et l'on ne comprend pas pourquoi le législateur n'est pas allé jusqu'au bout de sa pensée, inspirée d'ailleurs des meilleurs principes de l'économie politique.

225. Le propriétaire pourrait avoir avantage à considérer le possesseur comme étant de bonne foi, alors qu'en réalité il est de mauvaise foi. C'est ce qui atténue dans une certaine mesure les inconvénients que nous avons signalés plus haut. Cela n'est pas contestable. Il faut supposer, par exemple, que la plus-value est inférieure à la dépense et que le propriétaire veut conserver les constructions. Le possesseur aurait-il le droit de s'opposer à ce qu'on lui offre la plus-value ?

Tout d'abord la bonne foi se présume, et c'est au propriétaire qu'il appartient de faire la preuve de la mauvaise foi du possesseur. Qui donc peut l'empêcher de négliger de faire cette preuve ? D'ailleurs, décider en sens contraire, serait autoriser le possesseur à se faire un véritable titre de sa mauvaise foi, ce qui est contraire à toutes les règles de notre droit.

Mais, bien entendu, le propriétaire ne pourrait pas considérer le possesseur comme étant de bonne foi par rapport aux constructions, puis réclamer la restitution des fruits en se basant sur la mauvaise foi du même possesseur. Les deux choses sont indivisibles. C'est pourquoi le propriétaire devra considérer dans chaque hypothèse, s'il est de son intérêt de choisir entre le paiement de la plus-value avec l'abandon des fruits, ou le paiement des dépenses avec la restitution desdits fruits.

226. Le propriétaire du sol, lorsqu'il se trouve en face d'un possesseur de mauvaise foi, peut évidemment réclamer les fruits civils et naturels produits par les constructions ou plantations élevées ou faites par le tiers. Car ces fruits ont été, en somme, produits par sa chose. Mais il faut décider qu'il devrait en revanche au tiers les intérèts des sommes déboursées par celui-ci pour les ouvrages, dès le jour où elles ont été déboursées et pas seulement depuis la demande en justice, car il s'agit là non pas d'intérèts proprement dits, mais bien du règlement de l'indemnité et, nous dit Pothier, « ces intérêts doi-
« vent être admis en dépense, comme *déduction cor-*
« *rélative* des fruits, loyers ou fermages que le
« propriétaire retire des travaux exécutés sur son
« fonds » (1). Arg. art. 548.

227. Il faut décider en revanche que le possesseur de bonne foi, dispensé de la restitution des fruits, a droit au montant total de l'indemnité (dépense ou plus-value) sans que le propriétaire du sol soit autorisé à imputer sur la somme à lui rembourser les fruits perçus par lui, sous le prétexte qu'au lieu de les consommer, le possesseur les aurait employés

1. Pothier. *Domaine de Propriété*, n° 348 ; V. aussi en ce sens, Demolombe, IX, 679 ; Aubry et Rau, II, § 204, p. 260, texte et note, 14 ; Cassat. 9 décembre 1839, Sir. **40, 1**, 66.

précisément aux travaux qui font l'objet du litige (1).

La compensation était cependant admise dans ce cas par le droit romain, et telle était aussi la doctrine de Pothier (2).

Ce serait à notre avis, aujourd'hui, violer la disposition de l'article 549, que d'accorder au propriétaire une restitution quelconque et détournée des fruits acquis par le possesseur. Notre loi, en ne distinguant pas entre les fruits consommés et les fruits existants, a précisément voulu bannir de pareilles recherches qui se présenteraient encore comme plus difficiles dans le cas qui nous occupe. Quand saura-t-on en effet si les fruits ont été ou non employés aux travaux ? Le législateur a voulu tarir dans leur source des difficultés sans nombre en édictant la règle de l'article 549, et, dans le cas qui nous occupe, nous ajoutons qu'il a bien fait. Les auteurs adoptent en majorité l'opinion que nous venons de soutenir (3).

228. Quoi qu'il en soit de ces questions accessoires le principe est que, vis-à-vis du possesseur de bonne foi le propriétaire a le choix soit de payer la plus-value acquise par le fonds du fait des travaux, soit de rembourser la dépense.

1. En ce sens, Demolombe, IX, 680 ; Aubry et Rau, *loc. cit.* et note 15.

2. *Op. cit.* n° 343, et 349.

3. V. cepend. *contrà* : Troplong. *Priv. et Hypoth.* III, 839 ; Marcadé, II, sur l'art. 555, n° 3.

Sur le dernier terme de cette option aucune difficulté ne s'élève ; il n'en est pas de même du premier.   •

En quoi consiste en effet cette plus-value, et dans quelles conditions faut-il l'apprécier ?

L'article 555 dit clairement que le propriétaire doit « *rembourser une somme égale à celle dont le fonds a augmenté de valeur* ». Ce sont les termes mêmes de la loi.

Il en résulte que, pour calculer la plus-value, il suffira de comparer la valeur du fonds avant les travaux à celle qu'il a acquise depuis que les travaux ont été faits.

Malgré ce texte si clair, quelques auteurs prétendent que le juge jouit à cet égard d'un certain pouvoir d'appréciation ; qu'il peut tenir compte par exemple, dans l'évaluation de la plus-value, de l'utilité que les constructions ont pour le propriétaire, et même des ressources de ce dernier (1). C'était d'ailleurs le système admis par Pothier, système basé uniquement sur des considérations d'équité.

Mais aujourd'hui, il y a texte formel auquel il est impossible de déroger et qui nous donne le mode de calculer la plus-value ; nous venons de le citer. Sans doute, le propriétaire pourra prétendre que la plus-value n'augmente pas sa jouissance propre, mais, en face d'un propriétaire qui s'est, en somme, montré négligent, le possesseur de bonne foi a bien droit lui aussi à quelque intérêt, d'autant qu'il perd

1. V. Demolombe, IX, 681 et 690.

déjà la différence entre la dépense et la plus-value.
Le législateur, dans ce conflit d'intérêts, nous semble avoir pris un juste milieu en décidant de s'en rapporter purement et simplement à la valeur vénale du fonds, et nous ne saurions vraiment l'en blâmer.

229. S'il s'agit d'un établissement industriel, d'une usine par exemple, les difficultés pour l'évaluation de la plus-value seront forcément très grandes. En effet, ce ne sont pas tant alors les constructions qui font la prospérité de l'usine que le matériel ou mille autres causes. C'est dans une espèce de cette sorte que la Cour de Pau, dans un arrêt du 29 juillet 1868 (1), a décidé, avec raison selon nous, que l'on doit surtout dans ce cas « s'attacher à la « valeur intrinsèque des constructions sans tenir « compte du revenu que produit l'usine à moins que « ces constructions n'aient influé sur le revenu ».

Les constructions élevées par le tiers augmentent de valeur par suite du percement d'une rue nouvelle. Faut-il avoir égard, pour l'évaluation de la plus-value, à cette augmentation accidentelle de valeur ? A notre avis, c'est là une question de fait sur laquelle il est difficile de poser des principes généraux, et que le juge devra trancher en ayant égard aux circonstances de chaque cas particulier.

230. Au moment de la revendication les cons-

1. Dall. 68, 2, 239.

tructions n'existent plus. Le possesseur pourra-t-il néanmoins dans ce cas réclamer une indemnité, s'il est de bonne foi ? Il faut distinguer, si les constructions ont été détruites par le possesseur lui-même ou si elles ont disparu par suite d'un événement fortuit. Dans le premier cas, nous savons déjà que la question de bonne ou de mauvaise foi ne se pose plus en principe, et que le possesseur n'a plus d'action contre le propriétaire (1).

Mais ne pourrait-on pas dire : les constructions sont devenues, *jure soli*, la propriété du maître du sol ; le possesseur ne peut donc plus les démolir et causer ainsi au maître un véritable préjudice ? Il est vrai que le possesseur n'a pas pu démolir s'il savait que la chose ne lui appartenait pas, et, dans ce cas, il devrait une indemnité au propriétaire. Mais si le possesseur était de bonne foi, il n'a fait, en démolissant, que ce qu'il croyait avoir le droit de faire, comme propriétaire ; il n'y a donc aucune faute de sa part et il ne doit pas de dommages-intérêts. Par contre, s'il était de mauvaise foi, il serait tenu, d'une façon générale, de tout le préjudice qu'il cause par son dol au propriétaire du sol, et, par cela même, de la démolition des constructions, s'il y a lieu (1).

231. Supposons maintenant que la démolition ait

1. V. *suprà*, n° 221.

2. Aubry et Rau, II, § 204, p. 258, texte et note 9, Laurent, VI, 278 *in fine* ; Cassat. 16 février 1857 ; Dalloz, 1857, 1, 120.

eu lieu par cas fortuit. Le possesseur aura-t-il encore une action ? Ne pourra-t-il pas dire en effet au propriétaire : « En vertu de la présomption établie par l'article 553 vous êtes propriétaire des constructions. Un jugement d'éviction vient de confirmer cette propriété. Or, *res perit domino*, le propriétaire est tenu du cas fortuit, donc, vous me devez une indemnité pour mes dépenses. » A cette argumentation, il faut répondre que le principe en cette matière est que le possesseur n'a d'action contre le propriétaire du sol *qu'autant qu'il l'a enrichi*. Ce qui le prouve, c'est que la plus-value, nous le verrons tout à l'heure, s'estime à l'époque, où le propriétaire reprend la chose. Sans doute le jugement sur la revendication rétroagit quant à ses effets, et le propriétaire est présumé avoir eu constamment la propriété du sol et partant des constructions élevées sur ce sol. Mais cet effet rétroactif ne peut pas aller jusqu'à faire que les constructions détruites soient réputées subsister et qu'elles soient censées faire partie de l'actif du propriétaire, alors qu'en réalité elles n'existent plus.

232. A quelle époque faut-il se placer pour évaluer la plus-value, si l'on suppose que le propriétaire choisit ce terme de l'option que lui offre la loi ?

Nous venons de le dire : c'est à l'époque de la restitution. Si donc la plus-value a diminué depuis la construction, le propriétaire ne doit que la plus-value ainsi diminuée ; même, s'il n'y a plus aucune plus-value, à l'époque de la restitution, le propriétaire ne doit plus rien.

233. Si ces principes sont exacts, à notre sens, lorsqu'il s'agit des travaux en général, on peut se demander si leur application aux plantations n'est pas contraire à l'esprit et au vœu du législateur.

Un arrêt fort intéressant de la Cour de Paris du 22 décembre 1851 (1) nous donnera, ce nous semble, les vrais principes de la matière. Cet arrêt décide en effet que celui, qui, déclaré propriétaire d'un terrain par lui revendiqué, rembourse au possesseur de bonne foi la valeur des plantations faites par celui-ci sur ce terrain, est tenu de payer seulement la valeur des plants *lors de leur mise en place*, et non point celle des arbres mêmes dans l'état où ils sont parvenus lors de l'éviction ; « le mot *matériaux*, ajoute l'arrêt, employé par l'article 555 signifiant les éléments qui ont servi à former la chose, et non la chose provenue de ces éléments. »

Ces raisons nous semblent éminemment logiques et concluantes pour admettre, quant aux plantations, la dérogation que consacre cet arrêt aux règles ordinaires sur l'évaluation de la plus-value. Ce n'est pas, en effet, l'impense du possesseur qui a procuré, dans ce cas, la majeure partie de la plus-value, mais la chose même du propriétaire, le sol, et si

1. Dalloz, 54, 5, 573.

l'on adoptait, en matière de plantations, le principe général que nous avons admis pour les autres travaux, on en arriverait à décider que le propriétaire doit une indemnité pour une plus-value acquise, en somme, à son propre détriment, ce qui serait une décision contraire aux vœux du législateur (1).

1. Nous nous réservons de traiter dans le chapitre IV, la question du droit de rétention du possesseur au cas où il lui serait dû une indemnité.

CHAPITRE III

Section I. – Des conditions générales exigées par la loi pour cette prescription, et de sa nature. – Du temps requis pour prescrire. – Du moment où doit exister la bonne foi chez le possesseur.

§ 1. — Conditions générales et nature de la prescription de dix à vingt ans.

234. La prescription de dix à vingt ans, dont nous entreprenons l'étude, est celle que les Romains appelaient *præscriptio longi temporis*, par opposition à la prescription de trente ans à laquelle ils donnaient le nom de *præscriptio longissimi temporis*. Nous savons déjà que son application était tout d'abord limitée aux fonds provinciaux et que ce fut Justinien qui l'étendit d'une façon générale à toutes les terres de l'Empire en la fusionnant avec l'usucapion du *jus civile*.

Nous savons aussi que dans l'ancien Droit la pres-

cription de dix et vingt ans n'était pas généralement admise, quoique ce fût elle qui, en somme,
est le plus facilement justifiable aux yeux du juriste
et du moraliste.

Ce qui explique peut-être la défaveur dont cette
prescription jouissait sous l'ancien Droit, c'est que
la Novelle 119, chapitre VII, avait introduit une exigence qui la rendait dès lors peu pratiquable.
D'après ce texte, en effet, le propriétaire devait connaître le droit que le prescrivant avait sur la chose,
ce qui était une condition qui rendait la prescription presque impossible. Elle était rejetée notamment par les Parlements de Droit écrit de Grenoble,
Toulouse, Bordeaux, et par le Parlement de Pro-
vence. La plupart des pays de Coutume ne connais-
saient que la prescription de trente ans. Il est facile
d'expliquer ce fait : au moyen âge, en effet, les
actes écrits étaient rares ; il y avait donc peu de
titres ; à cela s'ajoutait cette circonstance que les
dépôts où auraient pu se conserver des titres étaient
rarement sûrs.

Pourtant, dans un certain nombre de Coutumes,
celles de Paris, de Calais, de Meaux, de Verdun,
d'Auxerre, de Mantes, de Melun, pour ne citer que
les principales, la prescription de dix et vingt ans
formait le droit commun, dégagé d'ailleurs de l'embarras créé par la Novelle 119.

C'est la règle de ces coutumes qui est devenue
celle du Code civil.

235. Lorsqu'on communiqua le projet aux Cours d'appel, plusieurs d'entre elles, influencées par d'anciens souvenirs, rejetèrent la prescription de dix ans. Les raisons qu'elles donnèrent consistaient en ce que, disaient-elles, le domicile est trop instable d'une part, et que la preuve de la bonne foi, d'autre part, peut être accompagnée d'équivoque. Les Cours de Grenoble, de Montpellier et de Lyon voulaient que la loi ne conservât que la prescription de trente ans. D'autres Cours, en adoptant en principe la prescription avec bonne foi, exigeait un délai plus long, de quinze ou même de vingt ans, sans distinction d'absence ou de présence du propriétaire. Ces observations, néanmoins, ne prévalurent pas et le Code civil adopta le droit commun des Coutumes qui admettaient la prescription de dix ans entre présents et de vingt ans entre absents (1).

236. La prescription de l'article 2265 ne se borne pas à faire acquérir la propriété de l'immeuble au tiers possesseur. Elle a encore pour effet de libérer le fonds des charges qui pèsent sur lui. A cet effet elle éteint les actions réelles qui pourraient réagir contre les tiers détenteurs et les limite à dix et vingt ans; elle éteint de même en faveur des tiers les droits réels prescriptibles par trente ans entre les parties contractantes. Mais elle n'est jamais libératrice, en ce sens qu'elle ne libère jamais d'une

1. Fenet, t. III, p. 601, t. IV, p. 344, 467.

obligation. En un mot la prescription de dix et vingt ans ne libère pas la personne, mais la chose, et la fait acquérir, au tiers détenteur, franche et entière (1). Aucun lien *contractuel* n'unit le tiers détenteur à celui contre qui il prescrit, et le tiers ne doit être tenu envers ce dernier qu'*à cause de la chose.*

237. L'article 2265 ne parle, il est vrai, que de la prescription acquisitive de la propriété de l'immeuble. Mais c'est là un oubli du législateur qu'il est facile de réparer. L'article 114 de la Coutume de Paris était formel à cet égard, et d'ailleurs, l'article 2180 du Code civil prévoit au moins un cas d'acquisition de la *franchise* de l'immeuble contre celui qui a des droits sur ledit immeuble.

Il faut ajouter que si la prescription de l'article 2265 laissait subsister les charges qui pèsent sur le fonds elle n'atteindrait pas son but ; ce ne serait plus, en effet, la *finis inquietudinis litium,* comme l'appelle Cicéron.

Les auteurs rappellent, à ce propos, un arrêt curieux de la Cour de Paris du 4 décembre 1826 (2) qui consacre la théorie inverse en décidant que le possesseur de bonne foi ne peut pas prescrire par dix et vingt ans, contre une charge foncière qui grève son immeuble. C'était cependant la doctrine traditionnelle de la jurisprudence. Pothier nous dit

---

1 Troplong, *Prescript.* II, 850.
2. Sir. 27, 2, 75.

en effet « que la disposition (de la coutume) s'é-
« tend généralement à toutes les différentes espèces
« de droits réels, que des tiers peuvent avoir sur
« l'héritage, qui diminuent la perfection du domaine
« de l'héritage, que l'acquéreur, à qui ces droits
« n'ont pas été déclarés par son contrat d'acquisi-
« tion, croit avoir acquis franc et libre des dits
« droits » (1).

Le même auteur ajoute, ce qui précise encore davantage sa pensée : « que l'effet de cette prescription
« est, comme nous l'avons déjà dit, de faire acquérir
« à l'acquéreur un domaine de l'héritage aussi par-
« fait qu'il en a eu un juste sujet de le croire, en
« affranchissant l'héritage de tous les droits réels
« dont il est chargé qui en diminuent la perfec-
« tion ».

Nous aurons à examiner plus loin l'étendue que
nous donnerons à ce principe dans notre droit moderne ; nous verrons d'ailleurs que la doctrine et la
jurisprudence sont loin d'être d'accord sur les effets
de la prescription de dix ans en ce qui concerne
l'extinction des droits réels.

238. Telle est, d'une façon abrégée, l'histoire de
cette institution. Ces quelques notions rétrospec-
tives nous serviront par la suite à étayer plus d'une
théorie et il nous a paru utile de les faire connaître.

Nous connaissons, d'autre part déjà, les conditions

1. Pothier, *Prescript.* nᵒ 138 et s.

générales que le législateur exige pour l'accomplissement de cette prescription privilégiée quant au laps de temps requis. Il faut que l'acquéreur ait un juste titre d'acquisition, et la bonne foi relativement aux vices qui affectent le titre. Nous avons aussi exposé que les auteurs se contentaient généralement d'exiger, pour la prescription de dix et vingt ans, une bonne foi *relative* chez le possesseur, c'est-à-dire une bonne foi n'existant que par rapport au véritable propriétaire de l'immeuble. On se rappelle que nous avons combattu une pareille théorie, qui nous semble contraire aux principes même de la matière.

Enfin nous avons étudié d'une façon détaillée quels titres pouvaient servir de base à la prescription de dix ans, et quelles étaient les nullités que le législateur avait formellement proscrites en ce qui concerne le titre.

Il ne nous reste plus à examiner maintenant, pour en terminer avec les conditions de perfection de cette prescription, que la question du temps requis, et celle du moment où la bonne foi est exigée chez le possesseur.

§ 2. — *Du temps requis pour prescrire.*

239. « *Celui qui acquiert de bonne foi et par juste titre un immeuble*, nous dit l'article 2265, *en prescrit la propriété par dix ans si le véritable*

« *propriétaire habite dans le ressort de la Cour*
« *royale dans l'étendue de laquelle l'immeuble est situé;*
« *et par vingt ans, s'il est domicilié hors dudit*
« *ressort.* »

C'est donc par dix ans et par vingt ans que cette
prescription s'accomplit. Ces délais, et cette distinction entre l'absence et la présence du propriétaire
étaient déjà usités en Droit romain. Il y avait cependant
à ce propos, une différence entre ce Droit et le nôtre.
D'après le Droit romain en effet la prescription était
dite courant « entre présents » lorsque celui qui
prescrivait et celui contre lequel on prescrivait
avaient tous deux leur domicile dans la même pro-
vince. Elle était dite au contraire courant « entre
absents » lorsque ces deux personnes habitaient
des provinces différentes.

A l'exemple du Droit romain, les coutumes qui
admettaient cette prescription et la distinction entre
l'absence et la présence des parties, ces coutumes,
disons-nous, réputaient *présents,* ceux qui demeu-
raient dans le même baillage.

On remarquera que l'article 2265, tout en maintenant la distinction ancienne, en a modifié cependant les termes. Aujourd'hui, en effet, ce n'est plus
la situation respective du propriétaire et du possesseur que l'on considère pour déterminer l'absence
ou la présence, mais bien la situation du propriétaire par rapport à l'immeuble possédé. La règle
ancienne s'expliquait fort bien au temps où la personne et la terre étaient inséparables, à un moment,

voulons-nous dire, où le propriétaire habitait généralement auprès de son domaine. Mais, de nos
jours, avec le goût des déplacements qui caractérise
nos mœurs, et la facilité des communications qui
favorise singulièrement ce penchant, il était naturel
que l'on transformât l'ancienne règle, en ce sens
que, pour la prescription de dix ans, on exigeât la
présence du propriétaire dans le ressort de la Cour
d'appel où se trouve situé l'immeuble. Conserver
l'ancien principe, c'était favoriser la fraude et l'u-
surpation dans nombre de cas, et le législateur ne
pouvait sanctionner de pareilles conséquences.

240. *Article 2266*. « *Si le véritable propriétaire a*
« *eu son domicile en différents temps, dans le res-*
« *sort et hors du ressort, il faut, pour compléter la*
« *prescription, ajouter à ce qui manque aux dix ans de*
« *présence un nombre d'années d'absence double de*
« *celui qui manque, pour compléter les dix ans de pré-*
« *sence* ».

Voici l'hypothèse que résout ce texte, d'une façon
fort logique d'ailleurs, mais dans des termes que
l'on ne peut manquer de trouver légèrement
obscurs.

Le propriétaire de l'immeuble a eu son domicile,
pendant la durée de la possession dudit immeuble,
6 ans, par exemple, dans l'intérieur du ressort et
quatre ans hors du ressort. Au bout de combien de
temps l'immeuble sera-t-il acquis par prescription ?
L'article 2266 nous répond que, dans ce cas, la pos-

session devra durer quatorze ans. Si l'on suppose, en sens inverse, que la prescription a commencé « entre absents », il faudrait décider, à notre sens, par argument *a contrario*, qu'il suffira d'ajouter au temps déjà écoulé un nombre d'années de présence égal *à la moitié* de celui qui restait à courir pour parfaire la prescription de vingt ans.

Ce qui revient à dire, en somme, que dans notre hypothèse, la prescription sera accomplie lorsqu'il se sera écoulé un nombre d'années égal à dix en comptant les années de présence pour *un* et les années d'absence pour *une demie* ; ou, ce qui revient au même lorsqu'il se sera écoulé un délai égal à vingt ans, en comptant chaque année d'absence pur une unité et chaque année de présence pour deux unités.

Il résulte des dispositions combinées des articles 2265 et 2266 que cette prescription ne durera jamais moins de dix ans ni jamais plus de vingt ans ; mais qu'elle durera souvent un nombre d'années intermédiaire entre dix et vingt. La prescription de dix *et* vingt ans serait donc mieux nommée prescription de dix *à* vingt ans.

241. La *présence* et l'*absence* se déterminent-elles par la *résidence* ou par le *domicile* du propriétaire ? Il faut convenir que les termes de la loi prêtent quelque peu à l'équivoque. C'est ainsi que l'article 2265 parle d'abord du propriétaire qui « *habite* dans le ressort de la Cour Royale », puis se termine par ces mots « s'il est *domicilié* hors dudit ressort », d'autre part, l'article 2266 parle lui-même du *domicile*.

Sur cette question fort controversée, Pothier donnait en faveur de la théorie qui n'exige que la simple résidence des raisons qui nous semblent avoir conservé aujourd'hui encore toute leur force. « Lorsque nous disons que la prescription court entre présents, dit-il (1), lorsque tant le possesseur « que le propriétaire ont leur domicile dans le même « baillage, il est évident que nous n'entendons par- « ler que du *domicile de fait et de résidence*, dans « le sens dans lequel l'ordonnance de 1667 le prend « lorsqu'elle dit que les exploits d'assignation « doivent être donnés à personne ou domicile.

« C'est pourquoi pour que le temps de la pres- « cription soit censé courir entre présents, il suffit que « tant le possesseur qui prescrit que le propriétaire « contre qui il prescrit aient leur *domicile de fait* « *et de résidence* dans le même baillage quand « même leur domicile ne serait pas leur domicile « de droit ; et, au contraire, il ne suffirait pas que « l'un et l'autre eussent leur domicile de droit dans « le même baillage, si l'un ou l'autre n'y avait pas « sa demeure actuelle ».

Telle était donc la tradition de l'ancien droit qui se basait sur la résidence de fait des parties et non sur leur domicile de droit. Les raisons que nous

1. V. *suprà*, n° 85 et s.
2. De la *Prescription*, n° 107.

donne Pothier à l'appui de son interprétation doivent être appliquées, *mutatis mutandis*, au texte de l'article 2265. Bien plus, nous déclarons que les raisons de l'ancien droit s'appliquent avec encore plus de force à notre texte modifié dans le sens que l'on sait. Par la modification même que notre législateur y a introduite, en exigeant la présence du propriétaire dans le ressort où est situé l'immeuble, il a, à notre sens, nettement voulu exprimer par là qu'il exigeait la présence *réelle* du propriétaire qui, seulement s'il est présent, peut exercer une surveillance effective sur son immeuble.

On a prétendu, en sens inverse, que cette théorie était en opposition avec l'idée que notre législateur se fait du domicile ; que pour le règlement des rapports juridiques d'une personne avec une autre, en effet, notre loi établissait la présomption que les parties étaient censées se trouver à leur domicile de droit. Il faut répondre qu'il s'agit dans l'article 2265 d'une disposition exceptionnelle commandée par la nature des faits eux-mêmes. D'ailleurs, la solution que nous combattons conduirait le plus souvent à des conséquences qui seraient manifestement contraires au vœu de la loi (1).

1. Delvincourt, II, p. 656 ; Marcadé, sur les art, 2265 à 2269, n° 5 ; Laurent, XXXII, p. 447 ; Nîmes, 12 mars 1834, Sir. 34, 2, 360 ; Pau, 6 juillet 1861, Sir. 61, 2, 433.

V. cependant *contrà*: Vazeille, II, 503 à 505 ; Troplong.*Prescript* II, 865 ; Duranton, XXI, 377 ; Zachariæ, § 247; Montpellier, 10 mars 1829, Sir. 30, 2, 44 ; Grenoble,12 juillet 1834, Sir. 35, 2, 476.

242. Supposons qu'il y ait plusieurs copropriétaires de l'immeuble, les uns étant domiciliés dans le ressort de la Cour, les autres hors de ce ressort. Quelle sera dans ce cas la durée de la prescription ?

A notre avis il faut décider, en pareille hypothèse, que la prescription s'accomplira par dix ans à l'égard des premiers pour leurs parts indivises sans qu'ils puissent se prévaloir du fait que le temps requis pour l'accomplissement de la prescription à l'encontre de leurs consorts n'est pas encore écoulé.

Quelle est enfin la durée de temps requise pour prescrire contre l'État ? L'État est partout, en somme, et ne se trouve pas au seul endroit où se trouve le siège du gouvernement. Il faut donc décider qu'on prescrira toujours contre l'État par dix ans. La question s'est posée à plusieurs reprises devant les Cours de Belgique et elle a été résolue dans le sens que nous indiquons ici (1).

§ 3. — *Du moment où doit exister la bonne foi chez le possesseur.*

243. *Article 2269.* « *Il suffit que la bonne foi ait* « *existé au moment de l'acquisition.* »

La règle que nous donne ce texte était déjà admise, nous le savons, en Droit romain : *Mala fides superveniens (id est scientiæ rei alienæ) non impedit usucapionem* (2).

1. Bruxelles, 8 mai 1824 (*Pasicrisie*, 1824, p. 115). Liége, 31 octobre 1823 (*Pasicrisie*, 1825, p. 509).
2. L. un § 3, C. *de usuc. transf.* (7, 31).

Le principe romain subit néanmoins une éclipse de longue durée due à l'influence du Droit canon sur la matière. Dans l'ancien Droit, en effet, on exige, d'une façon générale, que la bonne foi soit persistante chez le possesseur et qu'elle dure pendant tout le temps requis pour prescrire. Dès le xviie siècle, cependant, il faut signaler une tendance de la jurisprudence à revenir à l'ancienne doctrine romaine ; ce que nous montre un arrêt du 18 mai 1684 (1). Toutefois, Pothier proclame encore la nécessité de la bonne foi persistante : « Il reste à observer, nous « dit-il, par rapport à la bonne foi, qu'elle doit « durer pendant tout le temps requis pour la pres- « cription » (2).

244. Lors de la rédaction du projet, deux Cours d'appel, celles de Bourges et de Paris, demandaient qu'on maintînt la règle de l'ancien Droit (3). La disposition de l'article 2269 a d'ailleurs été l'objet d'attaques très vives même de la part des auteurs contemporains. On la trouve contraire à l'équité. M. Troplong accuse formellement le législateur « d'avoir mis la loi en contradiction avec la morale ».

On dit encore : s'il est juste que la loi diminue le temps requis pour prescrire en considération de la bonne foi du possesseur, il serait logique, qu'en revanche, elle exigeât que cette bonne foi fût per-

1. *Rec. de jurisprudence* de Guy du Rousseaud de la Combe.
2. Pothier, *Prescription*, 150, *in fine*.
3. Fenet, T. III, p. 254.

sistante, et qu'elle ne permît pas à celui qui a été de mauvaise foi dès son acquisition peut-être, de profiter de la disposition de faveur de l'article 2265.

Il faut répondre à ces critiques qu'on ne peut pas cependant exiger que celui qui a payé l'acquisition de ses deniers y renonce bénévolement lorsqu'il apprend que son vendeur n'était pas propriétaire. Cette raison ne justifie, il est vrai, que l'hypothèse où l'immeuble a été acquis à titre onéreux. Mais pour les actes à titres gratuits, n'est-il pas étrange de voir un homme s'enrichir sciemment aux dépens d'autrui par un laps de temps relativement court?

Il est vrai, il faut le reconnaître, que la disposition de la loi lèsera souvent des intérêts particuliers fort respectables. Mais il n'est pas moins vrai, cependant, que c'est là une disposition excellente, à notre avis, au point de vue de l'intérêt général. Personne ne songe, à cet égard, à critiquer la prescription de trente ans qui, elle, peut arriver à légitimer cependant de véritables usurpations. Ne voit-on pas d'ici la difficulté que l'on aurait à prouver que le possesseur est devenu de mauvaise foi pendant la durée de sa possession? Quelle source riche de contestations et de procès la disposition bienfaisante du législateur n'est-elle pas venue tarir? L'exposé des motifs invoquait, à l'appui de son retour au principe romain, que « la nécessité « des transactions l'emportait sur la crainte de

1. Troplong, *Prescript.* II, 938 ; V. dans le même sens, Laurent, *Principes*, VI, **220** et XXXII, **416**.

« l'abus ». Nous ne pouvons donner vraiment une meilleure raison à l'appui de la thèse que nous soutenons ici.

245. Il faut remarquer d'ailleurs que la règle du Code civil est en harmonie avec la théorie de la transmission de la propriété *solo consensu* (1138). C'est, en effet, au jour de l'*acquisition* et non à celui de la *tradition* que la possession se déplace ; c'est donc bien au jour de l'acquisition que la bonne foi devra exister chez le possesseur, et les termes dont se sert le législateur dans l'article 2269 sont donc rigoureusement exacts.

246. La bonne foi, dit la loi, doit exister au moment de l'acquisition, c'est-à-dire au jour du contrat, s'il s'agit d'une acquisition par voie contractuelle.

Que faut-il décider si le contrat est affecté d'une condition ?

Tout d'abord, s'il s'agit d'une condition suspensive, certains auteurs soutiennent que, même dans ce cas, la bonne foi devra exister au moment du contrat (1). D'autres enseignent, plus justement à notre avis, que la bonne foi doit exister au moment de l'accomplissement de la condition (2).

La première opinion se justifie en disant que, la condition une fois accomplie, par suite de l'effet rétroactif attaché à cet accomplissement, tout doit

1. Aubry et Rau, II, § 218, p. 384, note 31.
2. Pothier. *Prescript.* n° 90 ; Troplong, *Prescript.* V. II. 910.

se passer comme si le contrat avait été pur et simple dès son origine.

Il ne faut pas faire de confusion sur le sens à donner à la disposition de l'article 2269. Lorsqu'il parle du jour de l'acquisition, il entend bien évidemment parler du jour où l'acheteur a pu se croire propriétaire. Or, tant que la condition n'est pas accomplie peut-il se croire réellement propriétaire ? Poser la question, c'est la résoudre par la négative. On répond, il est vrai, à cet argument, que l'incertitude résultant de la condition ne porte pas sur le droit de l'acheteur, mais seulement sur l'issue du contrat. Mais cette incertitude, nous le savons, suffit pour enlever à l'acheteur l'*animus domini*, qu'il ne possède réellement qu'au jour où l'acquisition est accomplie définitivement (1).

247. Il faudrait décider en sens contraire s'il s'agissait d'une condition résolutoire.

La raison de distinguer, dans ce cas, c'est, nous dit Pothier, « que les conditions suspensives sus-
« pendent et arrêtent jusqu'à leur accomplissement
« tout l'effet du contrat auquel elles sont opposées.
« Au contraire, les conditions qui ne sont que résolu-
« toires n'empêchent point et n'arrêtent point l'ef-
« fet du contrat ; elles le détruisent seulement pour
« l'avenir lorsque les conditions viennent à s'ac-
« complir » (2).

1. V. *suprà*. n° 71.
2. *Op. cit.* n° 93.

Il en résulte que, dès le jour du contrat, l'acheteur a l'*animus domini*; c'est donc à ce moment-là qu'il doit avoir la bonne foi.

248. Que faut-il décider s'il s'agit d'un legs ? La bonne foi doit-elle exister au jour du décès ou au jour de l'acceptation de ce legs ?

Il est vrai que, dès l'instant du décès, le légataire a un droit acquis à la chose léguée. Mais il faut observer que ce droit ne devient, toutefois, définitif que par l'acceptation du legs. C'est donc au moment de l'acceptation qu'il faut se placer pour savoir si le légataire a la bonne foi requise (1).

249. Supposons enfin que la prescription ait été interrompue. La bonne foi doit-elle être exigée à nouveau au moment où le possesseur recommence à usucaper ? ou bien la bonne foi qu'il avait au début de sa première possession, suffira-t-elle pour la seconde ? A notre avis, l'effet juridique de l'interruption est de faire considérer tout le passé comme inexistant. Nous exigerons pour ce motif, la bonne foi chez le possesseur au moment où il recommence à prescrire. C'était, d'ailleurs, déjà la solution, du Droit romain. Quant à la jurisprudence elle a consacré l'opinion opposée (2).

Nous avons déjà étudié l'influence de l'article 2269

1. En ce sens : Aubry et Rau, § 218, p. 384, texte et note 32 ; Laurent, XXXII, 417, p. 443, *in fine*.
2. Cassat. 2 avril 1845, Sir. 45, 1, 241.

sur la théorie de la jonction des possessions (1). Nous n'y reviendrons pas davantage maintenant.

Section II. — Des effets de la prescription de dix et vingt ans

Des effets de la prescription de dix et vingt ans relativement aux immeubles corporels, et aux autres droits réels. — De la prescription de la franchise du fonds («usucapio libertatis fundi »).

§ 1. — *Des effets de la prescription de dix et vingt ans relativement aux immeubles corporels*

250. La prescription de l'article 2265 a pour effet de faire acquérir au possesseur la propriété des immeubles corporels qui sont dans le commerce. Tel est le principe général.

A ce principe l'article 966 vient apporter, en quelque sorte, une exception, en faveur des immeubles qui font l'objet d'une donation révoquée par la suite, pour cause de survenance d'enfant. Ce texte décide que les immeubles, dans ce cas, ne peuvent être prescrits que par une possession de trente années. Nous aurons, d'ailleurs, à nous expliquer plus loin et plus longuement sur le véritable caractère de cette disposition exceptionnelle.

La loi du 12 mai 1871, conséquence des désordres de la Commune, a apporté, en cette matière,

1. V. *suprà*, n° 122, et s.

une autre disposition d'une nature exceptionnelle.
Dans son article premier, en effet, elle décide que
« sont déclarés inaliénables jusqu'à leur retour aux
« mains du propriétaire, tous les biens meubles et
« immeubles de l'Etat, du département de la Seine,
« de la ville de Paris et des communes suburbaines,
« des établissements publics, des églises, des fabri-
« ques, des sociétés civiles, commerciales ou savan-
« tes, des corporations, des communautés, des par-
« ticuliers qui auraient été soustraits, saisis, mis
« sous séquestre et détenus d'une manière quelcon-
« que depuis le 18 mars 1871 au nom et par les
« ordres d'un prétendu comité central... »

Article 2. « Les aliénations frappées de nullité
« ne pourront, *pour les immeubles, servir de
« base à la prescription de dix et vingt ans,* et
« pour les meubles donner lieu à l'application des
« articles 2279 et 2280 du Code civil. Les biens alié-
« nés pourront être revendiqués sans aucune con-
« dition d'indemnité et contre tous détenteurs pen-
« dant trente ans à partir de la cessation officielle
« constatée de l'insurrection de Paris. »

Il nous a paru intéressant de rappeler cette loi
du 12 mai 1871, dont l'application est à la veille, on
le comprend, de devenir impossible, par suite de
l'échéance prochaine du délai de trente ans qui limite en quelque sorte sa durée effective.

251. L'article 2265 parle d'un immeuble déterminé. Sa disposition s'applique-t-elle au cas d'une universalité ?

S'il s'agit d'une succession, on ne peut plus dire qu'il y ait lieu à revendication, car alors c'est l'action en pétition d'hérédité qui sera exercée, et nous savons qu'elle ne se prescrit que par trente ans. Sans examiner la question de savoir si une universalité juridique, telle qu'une succession, peut être *possédée*, avec les caractères que la loi exige pour la prescription, nous constatons simplement que l'héritier apparent est un possesseur sans titre ; c'est par exemple le cas où un légataire universel se met en possession de l'hérédité en vertu d'un testament révoqué ; ou encore celui où un parent se croit héritier, alors qu'il y a un parent plus proche dont il ignore l'existence, ou lorsqu'un successeur irrégulier a demandé l'envoi en possession alors qu'il y a un héritier légitime. Dans tous ces cas, et dans les autres analogues il n'y a qu'un titre apparent, qui ne peut fonder, par conséquent, la prescription de dix et vingt ans (1).

Mais supposons maintenant que l'héritier apparent ait cédé son droit, ait vendu la succession à un tiers de bonne foi. Ce tiers pourra-t-il, lui, prescrire par dix et vingt ans ? On peut soutenir, en effet, qu'il se trouve dans les conditions exigées par la loi puisqu'il a un titre et qu'il est de bonne foi.

Sur ce point délicat, M. Duranton nous apprend

1. Laurent, IX, 514, p. 590, et s.

que la cour de Douai, par arrêt du 17 août 1822,
ayant à se prononcer en pareille hypothèse, a jugé
que le tiers acquéreur ne pouvait invoquer la prescription de dix et vingt ans « attendu que la
« prescription n'a lieu que pour les immeubles dé-
« terminés tandis que le cessionnaire d'un droit
« héréditaire est détenteur d'une universalité ; que
« puisque l'héritier apparent est passible de la pé-
« tition d'hérédité pendant trente ans, son cession-
« naire est également passible de la même action
« et pendant le même laps de temps » (1).

Tels sont bien, à notre avis, les vrais principes
de la matière : la prescription de l'article 2265 ne
s'applique pas aux universalités immobilières, et
d'autre part, le cessionnaire d'un droit de cette espèce ne peut pas davantage invoquer la prescription de dix et vingt ans.

§ 2. — Des autres droits susceptibles d'être acquis par la
prescription de dix et vingt ans.

252. A) *Usufruit. Article 526.* « Sont im-
« meubles par l'objet auquel ils s'appliquent, l'usu-
« fruit des choses immobilières... »

Article 2118. « Sont seuls susceptibles d'hypo-
« thèques :

« 1°..... ;

1. Duranton, XXI, 587, p. 269 ; V. aussi en ce sens. Laurent, XXXII, 388, p. 408.

« 2° L'usufruit des mêmes biens et accessoires
« pendant le temps de sa durée. »

L'usufruit est donc un immeuble lorsqu'il porte
sur des choses immobilières, et comme tel il rentre
parfaitement dans les termes de la disposition de
l'article 2265 (1).

Il faut remarquer, en effet, que s'il n'est pas susceptible d'une possession proprement dite, il est au
moins susceptible d'une quasi-possession qui suffit
d'ailleurs pour que le vœu de la loi soit rempli.

On remarquera aussi que la prescription de dix et
vingt ans sera même beaucoup plus fréquemment usi-
tée pour l'usufruit que celle de trente ans, par la raison que, les trente ans une fois écoulés, le possesseur
soutiendra généralement avoir acquis non pas seulement l'usufruit, mais bien la propriété complète
de l'immeuble.

Les mêmes principes, que nous venons de donner
pour l'usufruit, s'appliquent aux droits d'usage et
d'habitation (arg. art. 625).

B). *Servitudes réelles.*

253. L'article 2265 est-il applicable à l'acquisition
des servitudes réelles ? La difficulté de décider vient
de la disposition de l'article 690 du Code civil qui,
au premier abord, semble n'admettre que la prescription de trente ans.

1. Duranton, IV, 302 ; Troplong, *Prescript.* II, 855 ; Laurent,
VI, 338 ; Aubry et Rau, II. § 227, p. 466, texte et note I., et
les auteurs cités dans cette note.

« Les servitudes continues et apparentes, dit en
« effet ce texte, s'acquièrent par titre, ou *par la*
« *possession de trente ans* ».

Une première opinion, qui admet l'application de
l'art. 2265 en matière de servitudes, au moins continues et apparentes, prétend qu'il s'agit là de droits
prescriptibles d'une part, et d'autre part, de biens
immobiliers (arg. art. 526). Pourquoi donc, dit-on, ne
pas leur appliquer le droit commun de l'article 2265,
si aucun texte ne vient édicter à leur égard de disposition particulière et exceptionnelle. L'article 670 ?
Mais, tout d'abord, nous dit M. Duranton, « on ne
« voit pas pourquoi le législateur aurait eu égard
« au titre émané d'un tiers quand il s'agit de l'ac-
« quisition de la propriété, en ce sens, qu'alors la
« prescription s'accomplit par une jouissance d'une
« moindre durée ; alors que ce titre serait regardé
« comme non avenu lorsqu'il s'agirait seulement
« d'un droit de servitude » (1).

Quant à la disposition elle-même de l'article 690,
M. Troplong l'écarte résolument en faisant remarquer que ce texte « ne parle que de la prescription qui
« ne s'appuie que sur la seule possession ; qu'il ne
« porte pas ses regards sur la prescription avec ti-
« tre ». Dans le texte même, ajoute-t-il, les deux
choses sont nettement séparées, ce qui caractérise
clairement l'intention du législateur de soumettre la
prescription des servitudes avec juste titre et bonne
foi à la disposition de l'article 2265 (2). M. Troplong

1. Duranton, V. 593, p. 603.
2. Troplong, *Prescript.* II, 855, p. 439.

ne va cependant pas jusqu'à étendre le bénéfice de cette disposition aux servitudes dont il est parlé en l'article 691, quoique cela soit en somme la conséquence logique, quoique extrême, de son système.

254. Pour nous, malgré l'autorité qui s'attache aux noms des défenseurs de ce premier système, nous le repoussons énergiquement.

Remarquons, en premier lieu, qu'une tendance certaine du Code civil consiste dans la défaveur dont jouissent les servitudes aux yeux de notre législateur, dans la difficulté que ce dernier apporte à leur établissement, alors qu'il se montre favorable, par contre, à leur extinction. C'est ainsi que les servitudes s'éteignent par le simple non-usage, alors qu'il n'en est pas de même pour le droit de propriété ; c'est ainsi encore que pour l'usucapion des servitudes la loi exige la double condition de la continuité et de l'apparence. Il résulte de cette observation que, pour nous, le droit commun en matière d'établissement des servitudes réelles, c'est non pas le droit commun de l'acquisition de la propriété, mais bien celui qui résulte des dispositions spéciales et restrictives de la loi en ce qui concerne l'établissement de ces charges foncières.

Il faut donc que l'on nous montre un texte qui nous permette d'étendre aux servitudes réelles la disposition de faveur de l'article 2265. Or, non seulement ce texte n'existe pas, mais tout fait prévoir que le législateur a gardé à leur égard un silence volontaire. Que dit en effet l'article 2264 : « Les

« règles de la prescription sur d'autres objets que
« ceux mentionnés dans le présent titre, sont expli-
« quées dans les titres qui leur sont propres ». Et
dans l'article qui suit immédiatement ce premier
texte, le législateur aurait négligé de parler des servitudes ! Ce silence est tellement invraisemblable
qu'il nous paraît, ainsi que nous le disions, avoir
été prémédité par le législateur.

« D'ailleurs, fait observer avec raison M. Lau-
« rent (1), la possession des servitudes est moins
« caractérisée que celle de la propriété. Le proprié-
« taire peut parfaitement ignorer qu'un tiers a pra-
« tiqué dans son mur des ouvertures qui constituent
« le droit de vue ; il faut habiter le fonds pour dis-
« tinguer la servitude de vue du droit de jour ; or,
« le temps requis pour prescrire a précisément
« pour objet de garantir les intérêts de ceux qui
« n'habitent pas leurs propriétés contre la négligence
« des locataires ou des fermiers ; donc ce temps doit
« être plus long lorsqu'il s'agit d'une servitude que
« quand il s'agit de la propriété ».

« Voilà pourquoi l'article 670 ne dit pas que les
servitudes s'acquièrent par la prescription, mais par
la possession de trente ans ».

Ces raisons semblent absolument décisives en faveur de l'opinion que nous soutenons ici, et nous
approuvons pleinement un arrêt de Cassation du
18 décembre 1834 (2), qui a fixé définitivement la

1. Laurent, VIII, 194, p. 236.
2. Sir. 34 ; 1, 25. Dal. *Servitudes* n° 1121 ; V. aussi Bastia,

jurisprudence en cette matière et qui décide « qu'à
« l'égard des tiers acquéreurs, comme à l'égard de
« tous autres, les servitudes continues et apparen-
« tes ne s'acquièrent que par la prescription de
« trente ans ».

255. Primus possède deux immeubles A et B qui
sont tous deux à autrui. Il vend l'immeuble A à
Secundus et autorise au profit de celui-ci une servitude sur l'immeuble B qu'il retient. On a prétendu,
à tort à notre avis, que, dans ce cas, Secundus aurait
au bout de dix ans, non seulement la propriété de
l'immeuble A, mais encore la servitude, à titre d'accessoire de cet immeuble. Il n'y a en effet aucune
raison pour décider que, dans cette hypothèse particulière, la servitude pourra être acquise dans des
conditions plus favorables que celles que prévoit la
loi à l'égard des servitudes en général.

256. L'emphytéose est-elle susceptible de s'établir par dix et vingt ans ? En Droit romain la question était très controversée. L'affirmative était, toutefois, généralement admise : on discutait simplement
le point de savoir si l'on devait lui appliquer les principes qui réglaient la prescription des servitudes ou
ceux qui réglaient celle de la propriété. — Cette
tradition est très importante à considérer dans une

5 janvier, 1847. Dall. 47, 2, 3 ; Agen. 23 novembre 1857 ; D.
58, 2, 27 ; dans le même sens : Aubry et Rau, III, p. 77, note
1 ; Demolombe. XII, n° 781 ; Laurent, *loc. cit. suprà*.

matière où nous n'avons aucun texte. L'ancien Droit admettait la solution que la prescription avec titre et bonne foi lui était applicable (1) ; aussi admettons-nous, en nous fondant sur cette tradition, que la disposition de l'article 2265 est applicable à l'emphytéose (2).

§ 3. — *De la prescription de la franchise du fonds* (Usucapio libertatis fundi).

257. Un individu acquiert avec juste titre et bonne foi un immeuble grevé d'un privilège, d'une hypothèque ou d'un droit de servitude dont il ignore l'existence. Cet acquéreur pourra-t-il, au bout du laps de temps requis pour la prescription de la propriété par l'article 2265, invoquer la libération du fonds à l'encontre du créancier hypothécaire ou du titulaire de la servitude ?

Deux situations peuvent se présenter : ou bien le tiers acquéreur usucape simplement la libération du fonds, sa « franchise » à l'encontre du créancier ; ou bien, ayant acquis *a non domino,* il usucape à la fois la propriété de l'immeuble contre le véritable propriétaire et la franchise dudit immeuble contre le créancier.

Nous nous placerons, au cours de nos explica-

1. Voët. Comment. ad. Pandect, VI, 3, 4, p. 439 ; V. aussi sur la question, Troplong, Louage, 35.
2. Laurent, VIII, 369, p. 451. Bien entendu, la question que nous étudions ici ne se pose que si l'on admet l'existence de l'emphytéose dans notre Droit.

tions, d'une façon générale, dans le cas le plus simple : celui où le tiers possesseur n'usucape qu'à l'encontre du créancier hypothécaire ou à l'encontre du titulaire de la servitude, sauf, en matière de servitudes, à signaler quelques difficultés d'une nature plus complexe.

258. L'origine de cette prescription de la franchise du fonds remonte au Droit romain. A Rome, en effet, la possession de bonne foi d'un immeuble avait pour effet de faire acquérir au possesseur l'affranchissement des servitudes urbaines qui grevaient le fonds à partir du jour où un acte de contradiction aux droits du titulaire de la servitude avait eu lieu. C'est ce que démontrent les textes de la façon la plus formelle (1); c'était l'*usucapio libertatis fundi*.

Mais que décidait le Droit romain relativement aux hypothèques? Les commentateurs ne sont pas d'accord sur ce point. Tandis que les uns soutiennent que l'*usucapio libertatis* leur était applicable, d'autres ne voient, dans les textes cités à l'appui de cette première opinion, qu'une prescription libératoire de l'action hypothécaire, qui pouvait se produire qu'il y ait eu ou non empiétement contre le droit du créancier hypothécaire. D'autres enfin soutiennent que s'il est vrai qu'avant Justinien la prescription fît acquérir le fonds libre

1. Fg. 4 § 29. D. *de usurp. et usuc.* (41, 3) fg. 18 § 2, D. (8, 6), fg. 6, D. de S, P. U. (8, 2), Paul, Sent. I, 17, 1.

de toute charge réelle, il s'agissait là d'une prescription libératoire ; mais que ce ne fut que depuis
Justinien, que le droit hypothécaire s'éteignit par
dix et vingt ans s'il y avait juste titre, et par la
prescription *longissimi temporis* si la bonne foi
existait seule (1).

259. Quoi qu'il en soit de ces origines assez con-
fuses de l'institution qui nous occupe, notre ancien
Droit avait, par contre, en cette matière, une théorie
des plus précises.

C'est d'abord l'article 114 de la Coutume de Paris
qui décide : « Quand aucun a possédé et joui par lui
« et ses prédécesseurs desquels il a le droit et cause,
« d'héritage ou rente, à juste titre et bonne foi, par
« dix ans entre présents et vingt ans entre absents,
« âgés et non privilégiés, franchement et paisible-
« ment, sans inquiétation d'aucune rente ou hypo-
« thèque, tel possesseur dudit héritage ou rente a
« acquis par prescription contre toutes rentes et
« hypothèques prétendues sur ledit héritage ou
« rente ».

Quant à l'étendue d'application que l'on donnait
au principe que consacrait cette théorie nous ne pouvons mieux faire que de laisser sur ce point la pa-
role à Pothier qui en a fait un commentaire qui
est un modèle de science et de sagacité juridiques.

1. En ce sens. Mainz, Cours de dr. romain, I, p. 921, n° 6 ;
Contrà, Accarias ; *Précis de D. romain*, p 550-551 ; L. 8 § 1.
C. *de præsc*, XXX, *vel* XL, *ann.* (7, 39).

Pothier commence à établir en principe « que la
« prescription dont il s'agit est une prescription à
« l'effet d'acquérir » (1).

Il déclare ensuite « que ces termes de la coutume : *a acquis la prescription contre toutes*
« *rentes et hypothèques prétendues sur ledit*
« *héritage*, ne doivent pas se prendre *restrictive* ;
« sa disposition s'étend généralement à toutes les
« différentes espèces de droits réels que des tiers
« peuvent avoir sur l'héritage, qui diminuent la
« perfection du domaine de l'héritage (2).

Quant aux servitudes pour lesquelles la controverse était particulièrement ardente, Pothier décide « que l'acquéreur d'un héritage sujet à des
« droits de servitudes, soit personnelles, soit præ-
« diales en acquiert par cette prescription l'affran-
« chissement lorsqu'elles ne lui ont point été
« déclarées et qu'il n'en a eu aucune connaissance
« pendant tout le temps de la prescription, ceux
« qui avaient les droits de servitude n'en ayant
« point usé pendant ledit temps. »

260. Si la loi consacre formellement aujourd'hui
l'*usucapio libertatis fundi* à l'encontre du créancier hypothécaire, nous verrons qu'il n'en est pas
de même pour les servitudes, et que la controverse
de l'ancien Droit sur ce point existe encore toute

1. *Prescript.* n° 127.
2. *Op. cit.* n° 136.
3. *Op. cit.* n° 139,

entière, en l'absence de tout texte susceptible de la trancher dans un sens ou dans l'autre.

La loi du 11 Brumaire, an VII avait édicté une disposition concernant les servitudes. Elle décidait, dans son chapitre II, article 35 que les droits de passage, droits de vue et les autres services fonciers occultes, même ceux patents dont l'exercice n'est pas contraire, étaient prescrits par dix ans, si dans le cas d'une expropriation forcée de l'héritage servant ces droits n'avaient pas été réservés et s'ils ne s'étaient pas signalés depuis par une possession valable.

Nous signalons ce texte à titre de simple document sans y voir d'ailleurs aucun argument pour ou contre la théorie que nous exposerons plus loin concernant l'affranchissement du fonds des servitudes qui pèsent snr lui par la prescription de l'article 2265.

A. *Hypothèques.*

261. Pour les hypothèques, avons-nous dit, le principe que le tiers acquéreur peut s'en affranchir par la prescription de dix et vingt ans est consacré formellement par la loi.

Article 2180.... — 4. (Les privilèges et hypothèques s'éteignent) « par la prescription. »

« ...... *Quant aux biens qui sont dans la main d'un* « *tiers détenteur, elle lui est acquise par le* « *temps réglé pour la prescription de la propriété*

« *à son profit ; dans le cas où la prescription suppose*
« *un titre, elle ne commence à courir que du jour*
« *où il a été transcrit sur les registres du conserva-*
« *teur.* »

« *Les inscriptions prises par le créancier n'inter-*
« *rompent pas le cours de la prescription établie*
« *par la loi en faveur du débiteur ou du tiers déten-*
« *teur.* »

La première remarque que suggère ce texte c'est
que la prescription est soumise dans ce cas à une
formalité nouvelle que la loi n'exige pas lorsqu'il
s'agit de la prescription de la propriété purement
et simplement : celle de la transcription du titre
d'acquisition. Ce texte décide, à ce sujet, que la
prescription ne commencera à courir que du jour
où cette formalité aura été accomplie.

Quel est donc le motif de cette nouvelle exigence
de la loi ? C'est que, pour que le créancier puisse
s'opposer à l'usucapion qui le menace, il faut qu'il
ait un moyen de connaître la nouvelle acquisition
et le nom du tiers détenteur, tandis que lorsqu'il
s'agit de l'usucapion de la propriété la transcription
serait absolument inutile puisque, par hypothèse,
c'est précisément une vente *a non domino* qui s'est
produite, le vendeur étant généralement inconnu
du propriétaire. Il est vrai que la raison que nous
donnons ici ne peut s'appliquer qu'au cas où la
vente de l'immeuble hypothéqué a été faite par le
débiteur lui-même, que connaît le créancier par
conséquent, et dont il peut surveiller les agisse-

ments. Tandis que si la vente de l'immeuble hypothéqué a été consentie *a non domino*, l'usucapion courrait néanmoins contre le créancier, à dater de la transcription, celui-ci n'ayant d'ailleurs aucun moyen de se renseigner puisqu'il ne connaît pas le nom du vendeur.

262. En quoi consiste le juste titre, dans l'hypothèse qui nous occupe ; quand pourra-t-on dire que le tiers détenteur aura la bonne foi ?

On dit généralement que le juste titre consiste dans l'aliénation elle-même. Nous dirons davantage : le juste titre consiste dans l'aliénation en tant qu'elle comprend *la pleine propriété de l'immeuble*. Pour justifier cette addition à la définition courante du juste titre en cette matière nous ne pouvons mieux faire que de citer un passage d'un remarquable article de M. Labbé, qui nous semble avoir analysé cette difficile matière d'une façon plus approfondie, que ne l'ont fait les auteurs d'une façon générale. « En ce qui concerne la pres« cription de l'article 2265, » nous dit-il, « si mon « vendeur ne m'a pas présenté sa propriété comme « franche, comme pleine et entière, je n'ai pas de « titre pour acquérir par dix et vingt ans la pléni« tude de la propriété. Le juste titre est une con« dition positive, distincte de la bonne foi ; il ne « faut pas admettre l'existence d'un juste titre sur « un soupçon, dans le silence des parties. Si les « parties ont laissé dans le vague la liberté de l'im-

« meuble transmis, si l'acquéreur, traitant dans les
« conditions ordinaires a pu s'attendre à voir se
« révéler des charges, des hypothèques, il ne peut
« pas soutenir avoir un titre d'acquisition de la
« pleine propriété. Sans doute, celui qui acquiert
« la propriété simple *a en germe* une propriété
« pleine et franche par l'extinction éventuelle des
« charges qui la grèvent; mais cela ne constitue pas
« un titre d'acquisition de la pleine propriété. Un
« semblable titre n'existe que si l'acquéreur voyant
« le lendemain de son acquisition, apparaître une
« charge, une hypothèque, avait le droit de dire
« immédiatement à son auteur : vous ne m'avez pas
« procuré tout ce que vous m'avez promis » (1).

Ce sont les motifs que donne M. Labbé à l'appui
de la thèse qu'il soutient, qui nous ont décidé à le
suivre dans cette voie, et à ne voir dans le titre d'acquisition un véritable titre que s'il comprend la
pleine et entière propriété de l'immeuble hypothéqué.

263. Que dire maintenant de la bonne foi ? Elle
consistera précisément dans le fait que l'acquéreur
de l'immeuble hypothéqué aura cru acquérir un immeuble libre de toute charge.

Mais, dira-t-on, tout d'abord, comment le tiers
pourra-t-il être jamais de bonne foi, puisque les hypothèques, pour être efficaces, doivent être inscrites,

1. Article de M. Labbé, Sir. 67, II, p. 33, publié en note
d'un arrêt de la Cour de Paris du 13 juin 1866.

et que la prudence la plus élémentaire oblige l'acheteur à aller consulter le registre du conservateur ? A cette première objection il faut répondre qu'aucun texte de loi n'oblige l'acheteur à aller consulter les registres, et que s'il ne le fait pas, il est peut être imprudent, mais n'est pas par cela même de mauvaise foi. D'ailleurs, il se peut que l'hypothèque dont il s'agit soit une hypothèque qui soit dispensée d'inscription par loi. Même dans le cas où le tiers aurait eu connaissance des inscriptions prises sur l'immeuble, il pourrait encore se prétendre de bonne foi, en soutenant qu'il avait cru qu'on avait négligé, pour éviter des frais, de faire radier les dites inscriptions, comme la pratique le fait souvent. Dans ce dernier cas il faudrait décider, à notre sens que le tiers n'est plus présumé être de bonne foi ; mais qu'il conserve toutefois la faculté de faire la preuve de sa bonne foi, au cas où il aurait connaissance des inscriptions. La jurisprudence décide que, même dans cette hypothèse, le tiers est encore présumé de bonne foi, et qu'il est par suite dispensé de toute justification par cela seul qu'il a pu croire que les inscriptions étaient devenues sans objet (1). Nous ne saurions admettre, quant à nous, une interprétation des textes aussi large en faveur du tiers acquéreur.

264. Cette première difficulté relative aux ins-

1. Bourges, 31 déc. 1830, Sir, 31, 1, 265 ; Bordeaux. 15 janvier 1835 ; Sir, 35, 2, 248 ; V. cepend. *contrà* : Caen, 26 août 1825, Sir, 28, 2, 251.

criptions une fois écartée, certains auteurs admettent que le tiers détenteur n'est à considérer comme étant de mauvaise foi qu'autant que son acte d'acquisition déclare expressément les hypothèques ; dont l'immeuble se trouve grevé (1). Cette première opinion s'appuie principalement sur la disposition de l'article 2176 qui attribue les fruits de l'immeuble hypothéqué au tiers détenteurs jusqu'à la sommation de payer ou de délaisser. Or, dit-on, c'est comme possesseur de bonne foi que le tiers a droit aux fruits ; c'est donc qu'il faut, pour le constituer en mauvaise foi une déclaration expresse de l'hypothèque.

Pour nous, ce n'est pas à titre de possesseur de bonne foi que le tiers fait les fruits siens dans ce cas. C'est simplement parce que, avant la sommation, l'hypothèque n'englobe pas les fruits, et qu'après cette sommation les fruits sont immobilisés au profit du créancier hypothécaire. D'ailleurs, le tiers ferait les fruits siens quand bien même la vente aurait eu lieu *à charge d'hypothèques*, car il n'y a pas lieu de distinguer, dans le silence de la loi. Cette dernière constatation détruit, par sa base même, le système que nous combattons ici.

Enfin nous serions tentés de dire que si le tiers a connu les hypothèques lors de l'acquisition, sans même qu'il en eut été fait la déclaration expresse, il serait pour ainsi dire sans titre, et la question de bonne foi ne se poserait même plus.

1. Delvincourt, III, p. 385, note 3. *in fine* ; Grenier, II, 514, p. 459.

265. D'autres auteurs, à l'avis desquels nous nous rangeons plus volontiers, admettent que le tiers détenteur est à considérer comme étant de mauvaise foi, lorsqu'il a connu positivement l'existence des charges, de n'importe qu'elle manière (1). Nous exigerons même que l'acquéreur ait eu une confiance pleine et entière dans la franchise du fonds qui faisait l'objet de la vente, le silence du vendeur n'étant pas toujours d'ailleurs, à notre avis, une condition suffisante pour établir la bonne foi de l'acquéreur à l'égard des charges qui pesaient sur l'immeuble.

266. La bonne foi doit exister chez l'acquéreur au moment où il transcrit son titre, car c'est là le point de départ de l'usucapion.

La prescription de l'hypothèque serait interrompue soit par l'interruption de la possession, soit par la sommation de payer ou de délaisser adressée au tiers détenteur, soit par l'action en déclaration d'hypothèque dirigée contre lui, soit enfin par une reconnaissance formelle, de sa part, des droits du créancier hypothécaire.

Mais les inscriptions prises ou renouvelées par le créancier n'ont pas pour effet d'interrompre la prescription de l'hypothèque.

---

1. Pothier, *des Hypoth.* chapitre III, § 6 ; Troplong, IV, 879, et s. ; Pont, n° 1250 ; Zachariæ, § 293, p. 921, texte et note 5.

267. Nous avons supposé jusqu'à présent que la créance hypothécaire était pure et simple. Que faut-il décider maintenant si l'on se trouve en face d'un créancier hypothécaire dont le droit est suspendu par une condition ?

Il faut poser en principe, à notre sens, que l'usucapion ou la prescription d'actions réelles au profit d'un tiers détenteur commencent à courir du jour de l'acquisition de la possession ou de la quasi-possession qui lui sert de base.

« Et il en est ainsi, disent MM. Aubry et Rau (1), « même dans le cas où la personne contre laquelle « courrait l'usucapion ou la prescription se trouve- « rait à raison d'une condition non encore accom- « plie, ou d'un terme non encore arrivé dans l'im- « possibilité de poursuivre actuellement l'exercice « de ses droits, puisque ces circonstances ne l'em- « pêchent nullement de les sauvegarder à l'encon- « tre des tiers détenteurs en en provoquant la « reconnaissance par mesure conservatoire. »

A cette manière de voir on oppose la disposition de l'article 2257 : La prescription « ne court point à l'égard d'une créance qui dépend d'une condition jusqu'à ce que la condition arrive. »

1. II, § 213, p. 330, et s. texte et note 17. V. aussi en ce sens ; Delvincourt, II, p. 638 et III, p. 387 ; Taullier, VI, 527 et s. Duranton, XX, 312 et XXI, 328 ; Troplong, Priv. et Hypoth. III, 780, IV, 886, *Prescript.* II, 791 ; Zachariæ, § 214, texte n⁰ 2, § 293 note 5 ; Cassat. 27 avril 1812, Sir. 12, 1, 300 ; Nîmes, 18 nov. 1830, Sir. 31, 2, 146 ; Bordeaux, 4 janvier 1835, Sir. 35, 2. 248.

On dit, en effet : si la prescription ne court pas contre la créance, quand elle est affectée d'une condition, elle ne court pas non plus contre l'hypothèque qui n'est que l'accessoire de la créance. Il faut se garder de faire une confusion. Ce n'est pas d'une prescription libératoire que nous nous occupons ici, mais d'une prescription acquisitive : il s'agit d'acquérir en effet l'immeuble franc et quitte des charges qui pèsent sur lui, et la disposition de l'article 2257 a trait uniquement à la prescription libératoire. D'ailleurs cette disposition s'explique, dans l'étendue d'application que nous lui donnons, par ce fait que le débiteur ne pouvait ignorer ni l'existence de l'obligation, ni celle des modalités qui affectaient cette obligation ; il n'y avait donc aucun motif pour faire courir la prescription contre le créancier et pour le soumettre à la nécessité d'interrompre cette prescription avant que, par l'échéance du terme ou l'arrivée de la condition il se trouvât à même d'exercer l'action elle-même naissant de sa créance (1).

Mais en matière de prescription de droits réels au profit d'un tiers possesseur, la prescription étant fondée sur la possession, elle doit pouvoir s'accomplir malgré les obstacles temporaires qui empêcherait le créancier de poursuivre l'exercice effectif de ses droits. Il faut remarquer en outre que le tiers possesseur est présumé ignorer l'existence des droits qu'on aurait à lui opposer.

1. Auhry et Rau, *loc. cit. suprà.*

268. Il résulte de ces principes que la prescription de l'hypothèque établie pour sûreté d'une créance conditionnelle ou à terme court au profit du tiers acquéreur des immeubles hypothéqués avant l'accomplissement de la condition ou l'échéance du terme.

C'est surtout pour cette hypothèse, et parce qu'ils reconnaissaient que la prescription courait dans ce cas au profit du tiers acquéreur, que nos anciens auteurs avaient imaginé comme moyen d'interrompre cette prescription l'action en déclaration ou reconnaissance de l'hypothèque (1).

Or s'il faut admettre, avec la grande majorité des auteurs, qu'elle n'a plus aujourd'hui qu'une utilité restreinte, en présence de la disposition de l'article 2617, qui permet au créancier d'exercer directement son droit hypothécaire entre le tiers détenteur par voie de poursuite, sans le faire condamner préalablement au paiement de la dette hypothécaire, il faut admettre, disons-nous, que cette action conserve toute son utilité au cas de prescription. L'article 2173 reconnaît d'ailleurs parfaitement l'existence de l'action dont nous parlons : « Il peut l'être, dit ce texte, en parlant du délaissement », même après que le tiers détenteur a reconnu l'obligation, ou subi condamnation en cette qualité seulement ».

1. Grand Coutumier, Liv. II. chap. 33 ; Lebrun, *Des successions*, Liv. IV, chap. I, nº 83 : Pothier, *De l'Hypothèque*, chap. III, § 6 ; Bourjon, *D. Commun de la France*. Liv. VI, Tit. VI, chap. IV, sect. II, nº 7 et 12 ; V. aussi Aubry et Rau, II, § 213, p. 333, note 24 et les auteurs cités dans cette note.

Or l'existence, dans notre Code, d'un moyen légal donné au créancier pour se protéger contre quelque danger, alors que son droit n'est même pas encore né, démontre suffisamment l'existence de ce danger, qui est précisément celui que fait courir au droit hypothécaire, la prescription que nous étudions ici.

269. L'article 2257, avons-nous dit, n'a pas à s'appliquer ici, car il s'agit d'une prescription acquisitive, alors que cet article prévoit dans son texte le cas d'une prescription libératoire. Il nous reste maintenant à justifier cette proposition.

Pour pouvoir usucaper, il faut *posséder*. Or que possède-t-on dans le cas qui nous occupe ?

Ce que l'on possède précisément, c'est l'immeuble *comme libre*, ou autrement dit, l'immeuble dans toute sa franchise, et on a fait remarquer avec raison, qu'une pareille possession n'est pas plus difficile à concevoir que celle d'une servitude négative par exemple. Il ne s'agit donc pas ici d'une prescription libératoire de la charge qui pèse sur l'immeuble (1).

C'est cependant la théorie opposée qui a été consacrée par la jurisprudence, qui décide dans ses arrêts que la disposition de l'article 2257 s'applique à la prescription des droits réels au profit d'un tiers aussi bien qu'à celle des actions personnelles (2). La

1. Aubry et Rau, II, § 218, p, 388.
2. Besançon, 19 décembre 1855, Sir, 57, 2, 299 ; Paris, 12 juin 1866 ; Sir. 67, 2, 33.

doctrine proteste tout entière contre une pareille théorie qui n'est pas fondée en droit.

B. *Servitudes personnelles.*

270. Pour les servitudes personnelles ou réelles, nous n'avons aucun texte, qui consacre tout au moins le droit de prescription du tiers détenteur à l'encontre du titulaire du droit de servitude, comme le fait l'article 2180, en matière hypothécaire. La question est de savoir précisément si ce texte peut être étendu, par voie d'analogie, au cas de servitude ; autrement dit, s'il faut y voir la consécration dans une hypothèse particulière d'un principe d'ailleurs général, admis par le législateur en ce qui concerne les droits réels.

Grave est la controverse sur ce point, et sur ce point encore, la doctrine et la jurisprudence soutiennent toutes deux des théories absolument opposées.

C'est ici qu'il convient tout d'abord de citer l'opinion de Pothier, que nous avons rapportée plus haut (1). Cet auteur enseignait, nous le savons, que les termes de la Coutume : « *a acquis la prescription contre toutes rentes et hypothèques prétendues sur ledit héritage* », ne devaient pas s'interpréter *restrictivé*, et que cette disposition devait s'étendre d'une façon générale à toutes les différentes espèces de droits réels que des tiers pou-

1. V, *suprà*, n° 259.

vaient avoir sur l'héritage, qui diminuent la perfection du domaine dudit héritage (1). Il en concluait
d'ailleurs que les servitudes pouvaient se prescrire
par dix et vingt ans au profit du tiers acquéreur (2).

271. On ne peut contester, tout d'abord, que la
tradition ne soit d'un grand poids dans une matière
où les textes font absolument défaut. L'article 2265,
de son côté, édicte-t-il une disposition qui soit en contradiction avec cette tradition ? Nullement. Les termes
« en prescrit la propriété » semblent bien même, par
leur généralité, vouloir exprimer l'idée qu'il s'agit
pour le tiers d'acquérir une propriété pleine et entière, dégagée de toute charge. D'ailleurs, les motifs
qui ont fait édicter au législateur la disposition bienfaisante de l'article 2265, exigent plus impérieuse-
ment encore que la propriété soit débarrassée de
charges que la loi ne voit que d'un œil peu favorable.

272. La même objection que nous nous sommes
posée tout à l'heure en présence de la disposition
de l'article 2257, se pose encore ici devant le texte
de l'article 617. Ce texte, qui prévoit les causes pour
lesquelles l'usufruit peut prendre fin, décide en
effet, que ce droit s'éteint « par le non usage pendant trente ans ». Or, nous dit-on, le législateur a
prévu l'extinction de l'usufruit par la prescription,

1. Pothier, *Prescript.* n° 136.
2. *Op. cit*, n° 139.

et il a décidé que la durée de cette prescription était
de trente ans.

Mais encore une fois on fait une confusion entre
la prescription libératoire et la prescription acquisitive, et c'est de cette dernière seule que nous voulons
parler ici. Le tiers détenteur n'a pas à proprement
parler *possédé* l'usufruit ; mais il a possédé le fonds
comme libre, et il a usucapé la *franchise du fonds*.
C'est donc bien d'une prescription acquisitive qu'il
s'agit et la disposition de l'article 617 n'est nullement contradictoire avec l'interprétation que nous
donnons de celle de l'article 2265.

273. Supposons tout d'abord le cas où un usufruit a été indûment constitué au profit d'un tiers
sur un immeuble déjà grevé d'usufruit au profit
d'une autre personne.

Personne ne conteste que, dans ce cas, l'usufruit
ne puisse être acquis par le tiers par une prescription de dix et vingt ans (1). En effet, il ne s'agit pas
là d'une question d'*extinction* de l'usufruit, et l'argument que nos adversaires nous opposent dans le
texte de l'article 617, n'a rien à voir dans la question. C'est ce que M. Demolombe fait très bien ressortir en disant que le droit d'usufruit, par le fait
de cette usucapion, n'est que *paralysé* dans la personne du premier titulaire de l'usufruit ; et il en
conclut que si le nouvel usufruit cessait avant la

1. Delvincourt, I, 370; Demolombe, X, 741. Aubry et Rau,
II, § 234, p. 519, texte et notes, 48 et 49.

mort de ce premier titulaire, celui-ci en reprendrait la jouissance.

Ce premier point étant admis, conçoit-on que le tiers qui n'a acquis que l'usufruit, pût prescrire cet usufruit par dix et vingt, alors qu'il ne le pourrait pas lorsqu'il a cru acquérir la pleine propriété de l'immeuble ! C'est cependant à cette conséquence, contraire à toute idée de logique, que nous conduit fatalement le système qui refuse au tiers détenteur de l'immeuble le droit de prescrire par dix et vingt ans à l'encontre de l'usufruitier. Cette seule raison, en dehors de celles que nous avons données plus haut, ne suffît-elle pas à condamner l'opinion que nous combattons ici (1) ?

274. Si nous rentrons maintenant dans le cas qui nous occupe principalement, celui où le tiers a acquis l'immeuble comme libre de toutes charges, alors qu'en réalité cet immeuble était grevé d'un usufruit, deux cas peuvent se présenter :

Ou bien, l'immeuble a été acquis *a domino* ;

Ou bien, il a été acquis *a non domino*.

Dans le premier cas, le tiers possesseur ne prescrit qu'à l'encontre de l'usufruitier. Il suffit donc qu'il ait acquis l'immeuble, en ignorant l'existence du droit d'usufruit et qu'il réunisse par rapport à l'usufruitier seul les conditions d'accomplissement

1. V. en ce sens. Proud'hon, IV, 2123 à 2129 ; Troplong, *Prescript.* II, 854 ; Demante, II, 463 *bis,* II ; Zachariæ, § 230, note 13.

de la prescription de dix et vingt ans. Dans ce premier cas, d'ailleurs, on est d'accord pour décider que l'usufruit serait bien moins éteint que paralysé dans son exercice, par la consolidation, en ce sens que l'usufruitier aurait, pour ce motif, un recours en indemnité contre le nupropriétaire par le fait duquel il a été privé de son droit de jouissance (1).

275. Si, au contraire, l'immeuble a été acquis par le tiers *a non domino*, l'usufruitier ne peut être privé de son droit, tout d'abord, que si la prescription réunit à son égard toutes les conditions requises, comme dans le cas précédent. C'est-à-dire qu'il faut que le tiers ait ignoré l'existence de l'usufruit, qu'il n'y ait eu dans la personne de l'usufruitier aucune cause de suspension, enfin que la jouissance du tiers ait duré le temps requis, eu égard au domicile de l'usufruitier.

Mais, en outre, l'usufruit ne peut s'éteindre que par sa réunion à la nuepropriété, dans le cas, du moins, qui nous occupe. Il faut donc que l'usucapion se trouve également accomplie par rapport au véritable propriétaire du fonds, de sorte que les causes qui auraient empêché l'usucapion de s'accomplir à son égard formeraient également obstacle à son accomplissement au préjudice de l'usufruitier (2).

1. Aubry et Rau, II, § 234, *in fine*, p. 520.
2. Proud'hon, IV, 2154 à 2158 ; Aubry et Rau, *loc. cit. suprà*.

276. Nous admettrons, sans entrer à nouveau ici dans la démonstration que nous avons faite à propos du cas où la créance hypothécaire est conditionnelle, que la prescription acquisitive de dix et vingt ans courrait même contre un usufruitier à terme ou sous condition.

L'article 2257, en effet, n'a rien à voir ici : l'usufruitier n'ayant pas un droit personnel, mais bien un droit réel sur l'immeuble. Il restera toujours la ressource, d'ailleurs, à l'usufruitier, d'interrompre la prescription qui le menace en intentant, contre le tiers détenteur, l'action en reconnaissance d'usufruit.

C. *Servitudes réelles.*

277. La question de savoir si le tiers acquéreur peut usucaper à l'encontre du titulaire d'une servitude réelle, est encore plus délicate à résoudre que toutes celles que nous nous sommes posées jusqu'ici relativement à cette difficile matière. En effet, si l'affirmative est soutenue par des auteurs éminents pour les servitudes personnelles, il faut reconnaître que ces mêmes auteurs, MM. Aubry et Rau notamment, soutiennent ici la négative (1). Il est toujours dangereux, nous l'avouons, de se séparer de ces guides si sûrs, et cependant nous allons tenter de le faire en étendant aux servitudes réelles les prin-

1. Aubry et Rau, II, § 218, p. 387, note 42, § 179, p. 86, texte et note 23.

cipes que nous avons donnés plus haut pour l'usufruit.

C'est surtout en matière de servitudes réelles que
la controverse était vive dans l'ancien Droit. De
même qu'il y a conflit aujourd'hui entre la disposition de l'article 2265 et celle de l'article 706, à ce
que prétendent du moins les partisans de la négative, de même il y avait conflit dans la Coutume entre
l'article 186 et l'article 114. Pothier, partisan de
l'affirmative, à ceux qui prétendaient que les servitudes ne devaient s'éteindre que par un non-usage
de trente ans (186 Cout.), répondait « que la pres-
« cription de trente ans qui fait acquérir la liberté
« des servitudes dont il est parlé dans l'article 186,
« est la prescription à l'effet de libérer qui résulte
« uniquement du non-usage de la servitude et qui
« en fait acquérir la libération même à ceux qui les
« auraient constituées ou à leurs héritiers. Ce n'est
« que de cette espèce de prescription qu'il est parlé
« en l'article 186, qui n'a rien de commun avec la
« prescription de l'article 114 qui résulte de la pos-
« session qu'un acquéreur de bonne foi a eue d'un
« héritage qu'il a possédé comme franc des droits
« de servitude dont il était chargé » (1).

278. Personne ne contestera, tout d'abord, que
la tradition ne soit d'un grand poids dans une matière toute traditionnelle, et que l'opinion de

---

1. Pothier, *Prescription*, n° 130.

Pothier, guide ordinaire des rédacteurs du Code, ne soit fort intéressante à connaître.

Or, Pothier distingue nettement entre la prescription de l'article 186 de la Coutume, qui correspond à celle de notre article 706, et la prescription acquisitive dont il était question dans l'article 114 de la Coutume qui est le père de notre article 2265. C'est cette distinction qu'il faut, à notre sens, faire aujourd'hui encore entre la prescription de trente ans de non usage, et l'usucapion de dix et vingt ans.

279. Mais, nous dira-t-on, pour prescrire d'une façon acquisitive il faut posséder ; or, en matière de servitudes, le principe est que : *res sua nemini servit* ; on n'acquiert pas une servitude sur son propre fonds. D'ailleurs, ajoutent nos adversaires, la définition que l'article 2228 donne de la possession vient à l'appui de cette manière de voir puisqu'il n'est pas possible de dire que celui qui jouit en fait de la liberté de son héritage exerce pour cela un droit spécial formant l'objet d'une possession distincte de celle de l'héritage même (2).

A cette argumentation, assez forte, on ajoute que des articles 2264 et 706 combinés, il résulte que la prescription extinctive de trente ans est la seule admise par la loi pour les servitudes réelles.

280. Nous avons déjà fait remarquer cependant que la loi, d'une façon générale, était défavorable

1. Aubry et Rau, *loc. cit, suprà.*

à l'établissement des servitudes, et favorable, par contre, à leur extinction. Si donc en l'absence de tout texte précis, nous ne pouvons nous en référer pour trancher la question qu'à la pensée qui a animé le législateur dans son œuvre, toutes choses étant égales d'ailleurs, nous pencherons vers la solution qui favorise l'extinction de la servitude plutôt que vers celle qui assure son existence.

C'est en nous basant sur ces données, que nous avons tout lieu de croire exactes, que nous nous refusons tout d'abord à voir dans la combinaison des articles 2264 et 706 la preuve irréfutable que le non usage de trente ans soit la seule espèce de prescription applicable aux servitudes. Pour nous, comme naguère pour Pothier, et ceci dit sans vouloir tirer aucunement vanité d'un si auguste voisinage, les articles 706 et 2265 se refèrent à des ordres d'idées très différents. Après avoir parlé dans la section II du titre de la prescription, où se trouve placé l'article 2264, de la prescription extinctive, le législateur a pu fort bien, relativement aux servitudes, renvoyer à la seule disposition de l'article 706 qui, elle aussi, est relative à une prescription extinctive. Il l'a fait d'autant plus volontiers, à notre avis, qu'il se préparait dans l'article suivant à parler de la prescription acquisitive de la propriété, du domaine parfait de la propriété, et il est probable qu'il a voulu dans l'article 2265 consacrer la théorie traditionnelle relativement aux servitudes, comme pour les autres droits réels.

281. Quant à l'argumentation de nos adversaires qui se base sur la règle *nemini res sua servit*, il est facile d'y répondre. Sans doute nous ne dirons pas que le tiers détenteur possède une servitude sur son propre fonds. Mais la loi nous montre elle-même, d'une façon péremptoire dans l'article 2180-4°, que si la *liberté* des fonds n'est pas à pro·prement parler un immeuble, elle peut tout au moins être possédée et mener à l'usucapion. Le tiers possède la franchise du fonds, et il empiète par là de la façon la plus énergique sur les droits du titu-laire de la servitude. Nous irons même jusqu'à dire qu'il nous est permis d'agumenter *a fortiori* de la disposition de l'article 2180 ; car s'il est permis d'u-sucaper contre une hypothèque qui, pour bien des auteurs, n'est pas même un démembrement de la propriété, il doit être ainsi, à plus forte raison, pour les servitudes (1).

La jurisprudence est d'ailleurs unanime en sens contraire (2).

282. Un auteur, Marcadé, fait une distinction. Il sépare le cas où l'immeuble est acquis *a non domino* de celui où il est acquis *a domino*. Dans la première de ces hypothèse, il admet l'affirmative car, alors, dit-il « en acquérant l'immeuble, je l'acquiers tout « entier ; la servitude dont il est grevé et qui n'est

1. V. en ce sens, Vazeille, II, 523 ; Duranton, V, 691 ; Trop-long, *Prescript.* II, 853.
2. Cassat, 14 nov. 1853 (Sir. 54, 1, 105).

« qu'une partie et un démembrement du *dominium*
« se trouve acquise comme et avec le reste de ce
« *dominium* à l'obtention duquel me conduit la
« prescription ».

Au cas où l'immeuble est acquis *a domino*, au
contraire, Marcadé n'admet pas la prescription
acquisitive pour les servitudes, car alors la servitude seule étant à acquérir par la prescription, la
loi ne recconnaît d'autre prescription en cette ma·
tière que la prescription extinctive de trente ans (1).

Nous repoussons la distinction que nous propose
Marcadé parce qu'il ne nous semble pas que la loi
l'établisse nulle part. Nous voulons bien admettre
que la loi a voulu peut-être prescrire la prescrip·
tion acquisitive des servitudes, tout en pensant
qu'elle l'autorise. Mais ce que nous ne pouvons
admettre, c'est que l'on tire une distinction du
silence de la loi. D'ailleurs ne serait-il pas anormal, pour ne pas dire plus, que l'acquéreur *a non
domino* fût plus favorisé relativement à l'extinction
des servitudes que celui qui a acheté du véritable
propriétaire, et qu'un droit « malade », eût des
effets plus étendus, qu'un droit de propriété parfaitement valable !

D. *Extension générale du principe.*

283. Chose curieuse, alors que les auteurs en

3. Marcadé, XII, sur les art. 2265 à 2269, nº 266, 267 ; II,
sur l'art. 706, nº 673, p. 649,

général repoussent la théorie que nous venons d'exposer, ils admettent, par contre, une extension bien plus grande du principe de l'extinction des droits réels par la prescription acquisitive, en admettant que le tiers détenteur peut toujours prescrire par dix et vingt ans l'immutabilité de la propriété, c'est-à-dire contre une éventualité de révocation, de rescision, d'annulation ou de résolution.

Dans un arrêt du 24 décembre 1826 (1), nous dit M. Troplong, la Cour de Paris avait eu à se prononcer sur la question relativement à l'action résolutoire en matière de vente. Le sous-acquéreur prétendait, être, au bout du délai requis par l'usucapion à son profit, à l'abri de l'action en résolution. L'arrêt fut rendu contre lui, mais les auteurs critiquèrent violemment cette décision, principalement MM. Troplong (2) et Vazeille (3).

Pour cette action résolutoire en matière de vente d'immeubles la question est aujourd'hui tranchée par un texte, l'article 7 de la loi du 23 mars 1855 qui décide « que l'action résolutoire établie par « l'article 1654 du Code Napoléon ne peut être « exercée après l'extinction du privilège du vendeur « au préjudice des tiers qui ont acquis des droits « sur l'immeuble et qui se sont conformés aux lois « pour les conserver ».

Or, d'après la disposition de l'article 2180, le

1. Sir. 1825-1827, 2, 295.
2. Troplong. *Prescript*. II, 850-52.
3. Vazeille. *Prescript*. II, 517-18,

privilège est éteint par la prescription au profit du tiers ; il en résulte que ce dernier ne saurait non plus être inquiété par une action résolutoire.

284. Peu de temps d'ailleurs après cet arrêt, objet des plus vives critiques des auteurs, la jurisprudence revenait aux véritables principes ainsi que le démontre un arrêt de la Cour de Toulouse, du 13 août 1827 (1).

Il faut décider à notre sens, que la prescription de dix et vingt ans, en consolidant la propriété, l'affranchit de toutes les éventualités d'éviction auxquelles elle se trouvait soumise à raison d'actions ouvertes contre le titre de la personne dont la personne tient ses droits et qui étaient de nature à réfléchir contre lui (2).

285. Mais la prescription n'a pas pour effet de purger le titre des vices dont il est affecté ; il en résulte que l'action en annulation ou en rescision peut fort bien survivre à l'accomplissement de l'usucapion, alors même que sa durée est de dix ans (1304). Il suffit pour cela de supposer que le point de départ de la prescription de l'article 1304 ne coïncide pas avec l'origine de la prescription de dix ans.

D'un autre côté le véritable propriétaire de l'immeuble conserve malgré la prescription accomplie,

1. Dalloz, 1829, 2, 231.
2. Aubry et Rau, II, § 218, p. 387-8. Dans le même sens : Amiens, 3 août 1839. Sir. 41, 2, 190.

soit une action personnelle contre l'auteur du titre qui a servi de base à l'usucapion, soit tout au moins une action en indemnité basée sur l'article 1382.

285 *bis*. Il en résulte que, même après l'accomplissement de l'usucapion, et malgré l'extinction de l'action en revendication, le véritable propriétaire, en vertu de la disposition de l'article 1166, comme créancier de celui qui a aliéné indûment l'immeuble peut exercer l'action en nullité ou en rescision, si elle n'est pas prescrite encore, contre le tiers détenteur, et obtenir ainsi par voie d'action personnelle la restitution de son immeuble.

Cette conséquence que nous tirons des principes que nous venons d'établir tempère dans une large mesure les effets trop rigoureux souvent pour le véritable propriétaire de la prescription par dix et vingt ans, au cas où le titre est sujet à nullité ou à résolution. Certes la situation du tiers possesseur mérite quelques égards, s'il est de bonne foi ; mais le propriétaire doit pouvoir aussi rentrer dans son bien, si les règles combinées de la prescription de l'article 1304 et de la disposition de l'article 1166 lui en donnent le droit, dans les circonstances que nous venons d'indiquer.

286. Pour que le tiers puisse invoquer la prescription de dix et vingt ans à l'encontre des éventualités d'éviction qui menaçaient le titre de son auteur, il faut nécessairement qu'il soit de bonne foi. Or la bonne foi consistera ici dans l'ignorance où sera ce tiers des causes de résolution ou de révocation dont sera affecté le titre de son auteur ; et comme ces causes sont généralement indiquées dans le titre, il en résulte que le tiers sera rarement de bonne foi.

C'est ce qui fait que certains auteurs, MM. Aubry et Rau, notamment, considèrent que le tiers n'est pas de mauvaise foi s'il a eu la connaissance du vice purement relatif qui affectait le titre de son auteur. Quant à nous, nous avons déjà repoussé avec énergie cette théorie de la bonne foi *relative*, qui est contraire, à notre sens, aux vœux du législateur en matière de bonne foi.

287. La loi consacre, dans l'article 966, une exception remarquable aux principes que nous venons d'établir.

Article 966. « *Le donataire, ses héritiers ou* « *ayant cause, ou autres détenteurs des choses don-* « *nées, ne pourront opposer la prescription pour* « *faire valoir la donation révoquée par la survenance* « *d'enfant, qu'après une possession de trente années* « *qui ne pourront commencer à courir que du jour de* « *la naissance du dernier enfant du donateur, même* « *posthume ; et ce, sans préjudice des interruptions,* « *telles que de droit.* »

Une donation a été faite, et l'immeuble objet de la donation a été acquis par un tiers de bonne foi. Vingt ans se passent ; puis un enfant naît au donateur. Si nous appliquions les principes généraux que nous venons d'énoncer, nous déciderions que le donateur ne pourra plus agir contre le tiers détenteur, car ce dernier aurait acquis l'immeuble par prescription.

La loi décide que, dans ce cas particulier, il n'en sera rien : c'est seulement par une possession de trente années que le tiers deviendra propriétaire intangible de l'immeuble qui faisait l'objet de la donation.

De plus, l'article 966 décide que les trente ans, au lieu de courir à partir de la naissance du *premier* enfant, qui a en somme révoqué la donation, courent au contraire à partir de la naissance du *dernier* enfant, même posthume.

Voilà certes une disposition qui n'est guère conforme aux principes généraux du Code civil.

Cette dernière disposition a même paru tellement étrange à certains auteurs, qu'ils ont voulu à tout prix justifier le législateur, en pré'endant que l'interprétation que nous donnons ici, avec la majorité des auteurs de l'art. 966 était inexacte. Pour MM. Demante et Colmet de Santerre, notamment, cet article n'aurait en vue que la question de la *confirmation* du droit du donataire, en laissant de côté toute question de prescription acquisitive. On comprendrait fort bien alors que la confirmation devint de moins en moins probable de la part du donateur à mesure que croîtrait le nombre de ses enfants, et qu'elle fût reculée par conséquent à chaque nouvelle naissance.

Les ayants cause du donataire pourraient invoquer cette confirmation, tout en conservant le droit de prescrire l'immeuble par dix et vingt ans avec juste titre et bonne foi (1).

Nous repoussons cette interprétation, qui est d'ailleurs restée isolée dans la doctrine, comme contraire au texte même de la loi.

1. Demante et Colmet de Santerre, IV, p. 255 à 261.

CHAPITRE IV

DES MOYENS DE PROTECTION QUE LE LÉGISLATEUR ACCORDE

AU POSSESSEUR EN CONSIDÉRATION DE SA BONNE FOI

Section I. — Des moyens d'attaque dont dispose le possesseur de bonne foi.

288. Le possesseur a tout d'abord, comme moyen d'attaque, des actions possessoires.

Mais remarquons immédiatement que ces actions ne sont pas accordées au possesseur en considération de sa bonne foi.

Il résulte en effet de la combinaison des articles 23 du Code de procédure civile et 2229 du Code civil que la question de la bonne ou de la mauvaise foi du possesseur ne joue ici aucun rôle.

Dans ces conditions il nous paraît logique de nous borner à indiquer seulement ce premier moyen dont dispose le possesseur, sans entrer dans plus de détails à son égard.

289. Un parti important dans la doctrine, dont

la jurisprudence a d'ailleurs adopté sinon les théories, au moins les conséquences qu'on en peut tirer, soutient que le possesseur de bonne foi a encore à sa disposition l'action dite « *Publicienne* ». Force nous est donc d'examiner la controverse qui est née sur ce point délicat.

Il ne nous appartient point de faire ici l'histoire complète de cette institution, l'une des créations les plus intéressantes, d'ailleurs, du droit prétorien ; il nous paraît cependant indispensable de retracer à grands traits ses caractères constitutifs et son champ d'application en Droit romain.

Cette action fut introduite par le préteur *Publicius*, à une époque assez mal déterminée probablement entre le vi et le viie siècle. Elle avait pour but de donner un moyen petitoire au possesseur en voie d'usucaper, principalement pour le cas où l'acquéreur n'avait pas pu acquérir la propriété quiritaire. Son domaine coïncidait avec celui de l'usucapion, et s'étendait cependant en outre aux servitudes et aux fonds provinciaux, et aussi au gage et à l'hypothèque.

. La formule de la Publicienne nous a été conservée par Gaius (IV, § 36) ; elle constituait, comme l'on sait, une action fictice, dans laquelle le préteur supposait accompli au profit du possesseur le délai d'une usucapion qui l'aurait rendu *dominus ex jure Quiritium*, si le dit délai avait été réellement accompli.

290. En somme, la Publicienne apparaissait en

Droit romain beaucoup plus comme une action petitoire que comme une voie possessoire, et le demandeur était considéré par le préteur en quelque sorte
comme un propriétaire véritable.

Lorsque, sous Justinien, les deux sortes de propriétés se fondirent en une seule, une partie de
l'utilité de la Publicienne, celle qui concernait les
biens « *in bonis* » disparut, du fait de cette fusion,
et l'action ne servit plus qu'à protéger le possesseur
de bonne foi en train d'usucaper. C'est dans cet
état qu'elle passa dans notre ancien Droit, et qu'elle
aurait survécu, d'après les uns, jusque dans notre
Droit moderne.

Remarquons enfin que la Publicienne était accordée en Droit romain, dans certaines hypothèses,
même contre le véritable propriétaire. Celui-ci
pouvait opposer généralement à l'action, *l'exceptio
justi dominii*, laquelle lui donnait gain de cause
sauf dans le cas où le possesseur pouvait lui opposer à son tour une *replicatio rei venditæ* ou *tra-
ditæ*, ou une *replicatio doli*. Bien entendu la Publicienne ne serait jamais accordée aujourd'hui à
l'encontre du propriétaire, cette conséquence résultant, sans plus d'explications, des principes de
notre Droit en matière de transmission de propriété.

291. Du Droit romain la Publicienne passa dans
notre ancien Droit. Son existence ne saurait faire

aucun doute et est reconnue formellement par les auteurs. Pothier (1), entre autres, nous dit que :

« Quoique régulièrement l'action en revendica-
« tion d'une chose n'appartienne qu'à celui qui en
« est propriétaire, on l'accorde néanmoins quelque-
« fois à celui qui n'en est pas le propriétaire, mais
« qui était en chemin de le devenir, lorsqu'il en a
« perdu la possession.

« Car si celui qui possédait de bonne foi, en vertu
« d'un juste titre, une chose dont il n'était pas pro-
« priétaire, en a perdu la possession avant l'accom-
« plissement du temps requis pour la prescription,
« il est reçu quoi qu'il ne soit pas propriétaire de
« cette chose à la revendiquer par l'action en re-
« vendication contre ceux qui se trouvent la posséder
sans titre.

« Cette action est celle qui est appelée en droit *action publicienne.* »

A la suite de cette proposition, Pothier établissait tout un système de conséquences relativement
aux différents conflits qui peuvent s'élever entre
deux possesseurs de la même chose, et cela en se
basant uniquement sur des considérations de logique et d'équité.

292. Mais si intéressante que nous paraisse la
situation du possesseur de bonne foi en train d'u-
sucaper, qui est dépossédé de la chose, les principes fondamentaux de notre Droit moderne s'op-

1. *Propriété*, N°s 292-294. 327.

posent à ce que nous fondions l'existence d'une action telle que la Publicienne sur de simples motifs de tradition ou d'équité, si d'ailleurs aucune disposition de la loi ne vient en confirmer l'existence. Or il n'y a rien dans le Code civil qui puisse laisser supposer que le législateur ait entendu conserver la Publicienne. Il faut reconnaître en revanche que rien non plus, dans le Code civil, ne s'oppose à l'exercice de cette action pétitoire (1).

Ceux qui prétendent, comme MM. Duranton, Delvincourt et Troplong (2) que la Publicienne est admise par nos lois nous font, observer à ce sujet que dans d'autres matières, le législateur s'est contenté de faire des emprunts tacites à la tradition sans s'expliquer davantage dans son œuvre propre, et cependant personne ne conteste l'existence de ces institutions ainsi conservées dans notre Droit moderne. C'est ainsi, dit-on, que pour l'action Paulienne, et même pour la revendication, le Code est à peu près muet, et que l'interprète est obligé de s'en référer à l'histoire de ces actions. Qu'y a-t-il donc d'étonnant que le législateur soit resté muet à l'égard de la Publicienne, lorsqu'il laisse à peine supposer l'existence de l'action en revendication, dont elle n'est, dit-on, qu'un « pâle reflet » ? A cette argumentation nous répondons que, dans les exemples que

1. Delvincourt, XVI, n° 21 ; Duranton, IV, 233.
2. Troplong, *Prescript.* I. 230 ; Vente, 235 ; V. aussi dans le sens de l'affirmative ; Demolombe, IX. 481 ; Zachariæ, § 218, *in fine*, notes 11 et 12.

l'on nous cite, le législateur, avec une concision qu'il faut reconnaître, mais clairement, a maintenu d'une façon évidente dans son œuvre les institutions du passé. Mais que l'on cherche une allusion quelconque, si infime soit-elle, à la Publicienne ; l'on est forcé d'avouer que rien, absolument rien, ne laisse même supposer son existence. Or les véritables principes de l'interprétation nous obligent, croyons-nous, à contester de la façon la plus formelle l'existence de cette action dans nos lois.

293. Certains auteurs, MM Aubry et Rau notamment (1), se sont fort bien rendu compte que notre argumentation sur ce point avait une certaine valeur, et ont préconisé au système, qui, d'une part, ne conteste pas que la Publicienne ait disparu dans nos lois, mais qui, d'autre part, maintient une série de solutions qui découlent néanmoins des principes qui fondaient l'action en question.

La controverse se réduit, pour eux, à une simple question de *preuve*, autrement dit à la question de savoir « quelles sont, dans telles circonstances don-
« nées et eu égard à la position du défendeur les
« justifications à faire par le demandeur en reven-
« dication ». Il convient, disent-ils, en effet, de tenir compte de la différence profonde qui sépare notre Droit, sous l'empire duquel la possession, même de mauvaise foi, renferme en elle le germe de l'usucapion, lorsque d'ailleurs elle réunit les qualités re-

1. II, § 239, texte et note II.

quises par l'article 2229, et le Droit romain qui n'admettait pas que la possession de mauvaise foi pût conduire à l'usucapion.

« D'ailleurs, « ajoutent-ils », dans notre Droit le « possesseur annal a toute une année pour rentrer, « au moyen de la complainte, dans la possession « dont il a été dépouillé, et aussi l'action Publi- « cienne ne présenterait plus sous ce rapport la « même utilité pratique qu'en Droit romain où l'in- « terdit « *uti possidetis* » ne protégeait que le pos- « sesseur actuel et non celui qui avait cessé de pos- « séder (1) ».

294. La non-existence de la Publicienne ainsi reconnue, MM. Aubry et Rau, établissent néan-moins un véritable système concernant la preuve dans le conflit qui peut s'élever entre deux person-nes qui ont des prétentions à la propriété de la même chose. C'est d'ailleurs le système de la juris-prudence (2), et voici les solutions auxquelles cette dernière est arrivée, par une voie que nous quali-fions purement et simplement d'arbitraire.

On suppose en premier lieu que le demandeur seul a un titre, antérieur d'ailleurs à la possession du défendeur. Il doit être dans ce cas déclaré pro-priétaire. Il en serait de même s'il prouvait la pro-priété de son auteur.

1. Aubry et Rau, *loc. cit. suprà*.
2. Arrêt de rejet du 16 avril 1860, (Dall. 60, 1, 251), 11 novembre 1861 (Dall. 62, 1, 94) ; Cassat. 22 juin 1864 (Dall. 64, 1, 412) ; Rouen, 1er février 1865 (Dall. 66, 2, 171).

En second lieu, les deux parties ont un titre émanant de la même personne : celui qui a transcrit le premier doit triompher, et si aucun des titres n'est transcrit on s'attache à l'antériorité de la date certaine.

Troisième hypothèse. — Les titres des deux parties émanent de deux auteurs différents ; le demandeur doit alors établir que son auteur l'aurait emporté sur l'auteur de son adversaire.

Enfin, il n'y a pas de titre, ni chez le demandeur, ni chez le défendeur. S'il y a une possession caractérisée, on applique la règle *in pari causa, melior est causa possidentis*. S'il n'y a pas de possession suffisamment caractérisée, le juge a le pouvoir d'apprécier souverainement les circonstances de la cause et d'attribuer la propriété à celle des deux parties en faveur de laquelle militent les présomptions.

295. C'est dans les deux dernières hypothèses, et dans la dernière surtout, que l'on sent bien que ce système de preuve est, en réalité, basé sur les principes qui fondaient la Publicienne. Mais celle-ci étant écartée, que dit-on pour justifier les solutions qu'on nous propose ?

On dit qu'il y a là à ce sujet une véritable lacune dans nos lois ; que le législateur n'a pas prévu, ni partant réglementé, les cas de conflits assez variés qui pouvaient se présenter en matière de propriété entre deux personnes qui prétendent avoir un droit sur la même chose. Que les « exigences de la pratique » obligent le juge à chercher dans les principes généraux les solutions que ne lui donnent pas les textes ; que ces solutions sont conformes aux règles générales de la preuve ainsi qu'elles découlent de l'examen de nos lois complétées par les doctrines traditionnelles.

296. Nous avions cru jusqu'à présent, nous l'avouons sans fausse honte, que les « exigences de la pratique » relevaient du domaine du législateur plutôt que de celui de l'interprète. Que le juge soit obligé de rendre une sentence dans l'espèce qui lui est soumise, qu'il soit donc forcé souvent de rechercher dans les principes des règles qui manquent à l'œuvre du législateur, nous ne le contestons pas. Mais que l'auteur, qui étudie la loi en elle-même, veuille justifier à tout prix un système échafaudé uniquement sur des décisions d'une nature spéciale, cela, nous ne le comprenons plus. On nous dit : il y a une lacune dans la loi ; il est du devoir de l'interprète de la combler à l'aide des principes généraux. Mais encore faut-il qu'on nous démontre qu'il y a véritablement une lacune, ce que nous nions énergiquement ; et ensuite que les principes généraux conduisent aux résultats qu'on voudrait nous faire accepter.

297. Nous savons, en effet, que la Publicienne repose sur une fiction, celle qui consiste à regarder le possesseur comme ayant accompli la durée de l'usucapion. Or, rien n'autorise l'interprète à créer ainsi une propriété fictive et à la munir d'une action.

Quant aux considérations d'équité que l'on fait valoir nous les renvoyons, avec les exigences de la pratique, au législateur, qui, seul, est autorisé à en faire usage. S'il est vrai que Pothier pouvait établir le système, qui est celui de la jurisprudence à l'heure actuelle, en se basant uniquement sur la tradition et l'équité, c'est que les principes qui gouvernaient le Droit ancien n'étaient pas ceux qui sont admis dans le Droit moderne. Aujourd'hui l'interprète est lié par le texte; il ne peut pas, sans outrepasser ses droits, ajouter aux dispositions de la loi, des règles que le législateur n'a pas prévues dans son œuvre, et qui sont, par conséquent, en dehors du domaine de ses recherches.

D'ailleurs, et ceci s'adresse surtout au système basé sur les exigences de la pratique, il n'est pas vrai de dire, à notre avis, qu'il y a sur ces difficultés une lacune dans la loi. Le principe que le demandeur doit faire la preuve de ses prétentions, principe fondamental et incontesté s'il y en un, suffit, selon nous, à prévoir et à résoudre toutes les hypothèses qui peuvent se présenter dans un conflit quelconque qui s'élève entre deux personnes relativement à la même chose. Or, ce principe doit s'appliquer en matière de droits réels, aussi bien que lorsqu'il s'agit de droits personnels, à moins que la loi n'y déroge d'une façon formelle. Qu'on nous montre un texte dérogeant à ce principe et nous reconnaîtrons le bien fondé des décisions de la jurisprudence. Mais cette dérogation n'existe pas en matière de droits réels et nous ne voyons aucune raison de ne pas appliquer, en cette matière, le principe qui nous paraît être la seule base certaine pour les décisions à intervenir dans les conflits que l'on suppose (1).

298. Et d'ailleurs, pouvons-nous demander à nos adversaires, depuis quand la propriété immobilière s'établit-elle par des présomptions ? Car c'est en somme à cette conclusion qu'on arrive dans le système que nous combattons. Où voyez-vous, dans la loi, écrites ces présomptions de propriété que vous tirez de telle ou telle nature des faits ? Nous ne connaissons, quant à nous, qu'une seule manière de faire la preuve d'un droit quelconque : c'est celle que reconnaît la loi relativement à ce droit, et qu'une seule personne à la charge de laquelle cette preuve est mise, le demandeur. Quant au juge, si la preuve qui lui est fournie par le demandeur ne satisfait pas sa raison, il n'a qu'à rejetter purement et simplement la demande ; c'est le seul droit que nous lui reconnaissons pour mettre fin au conflt qui s'est élevé.

Telles sont les conclusions qui nous paraissent découler des principes, des vrais, et non de ceux que l'on crée souvent pour les besoins de la cause.

1. En ce sens. Laurent, VI, 156 ; 169 à 172.

Section II. — Des moyens de défense dont dispose le posssseur de bonne foi.

§ 1. - Des fautes dont le possesseur de bonne foi est responsable vis-à-vis du propriétaire revendiquant.

299. Nous avons déjà décidé, en interprétant *a contrario* la disposition de l'article 1379, que le possesseur de bonne foi n'était pas responsable de la perte de la chose, lorsque cette perte était survenue par cas fortuit (1). Il faudrait décider de même *a fortiori* s'il ne s'agissait que de détériorations partielles qui ne proviennent pas du fait du possesseur.

300. Que faut-il penser maintenant des pertes ou détériorations qui proviennent du fait du possesseur?

L'article 1379, que nous venons de citer déjà et dont la disposition a d'ailleurs une portée générale, dispose que, « *si la chose indûment reçue est un* « *immeuble ou un meuble corporel, celui qui l'a reçue* « *s'oblige à la restituer en nature si elle existe* « *ou sa valeur si elle est périe ou détériorée par sa* « *faute.* »

Il résulte de ce texte que le possesseur même de bonne foi est soumis en principe à une indemnité

1. V. *suprà*, n° 196.

dans le cas où la chose a péri ou a été détériorée par son fait. Ce point n'est pas contestable.

Mais le difficile est de savoir quelle est la portée du principe posé dans l'article 1379. Le possesseur de bonne foi, en effet, s'est cru propriétaire; il a donc cru avoir le droit non seulement d'*user* de la chose, mais encore d'en *abuser*. Pourquoi se serait-il empêché de combler par exemple une carrière en pleine exploitation, si telle a été sa convenance personnelle?

D'autre part, il est certain qu'à l'issue de sa possession il ne lui est pas permis de s'enrichir aux dépens du véritable propriétaire. C'est ainsi que l'article 1380 du Code civil décide qu'au cas de vente de la chose par le possesseur, celui-ci *ne doit restituer que le prix de la vente.*

Ce dernier texte déroge donc dans une certaine mesure au principe posé dans l'article 1379, puisque, d'après ce dernier texte, au cas de vente, le possesseur devrait en principe restituer la *valeur* de la chose, et pas seulement le *prix de vente.*

On peut donc se demander si le législateur n'a pas tenu compte dans une certaine mesure du fait que le possesseur s'est cru propriétaire, pour limiter à son seul enrichissement l'indemnité qu'il doit au propriétaire pour les détériorations qu'il a fait subir à la chose; et cela malgré les termes compéhensifs de l'article 1379.

301. On l'a soutenu, en donnant à côté de cet

argument de texte, d'excellentes raisons d'équité. Malheureusement l'hypothèse de l'article 1350 nous apparaît, à nous, comme une dérogation particulière à une règle générale contraire donnée par le législateur dans l'article 1379. Or, que nous dit ce dernier : le possesseur doit restituer la *valeur* de la chose si elle est périe ou détériorée par sa faute. Tout en reconnaissant que d'excellentes raisons militent en faveur de la solution opposée, nous ne pouvons cependant l'admettre, comme étant contraire à la règle établie par la loi.

D'ailleurs l'article 1137 du Code civil a proscrit définitivement la théorie ancienne de la distinction des fautes. La loi, à part quelques hypothèses prévues d'une façon spéciale, ne reconnaît que la faute considérée *in abstracto* ; or, rien ne nous autorise à transgresser en faveur du possesseur de bonne foi le principe posé à cet égard par le législateur, puisqu'aucune disposition particulière n'est venue y déroger dans le cas qui nous occupe.

La règle est donc, à notre avis, que le possesseur devra se comporter relativement à la chose en bon père de famille, et qu'il devra restituer la *valeur* de toutes les pertes ou détériorations qui résulteraient du fait qu'il ne s'est pas comporté ainsi sur la chose.

§ 2. — *Du droit de rétention.*

302. Le propriétaire peut être devenu débiteur du

possesseur à raison des travaux que ce dernier a fait sur le fonds.

Supposons tout d'abord que les travaux ont une valeur considérable, et que le propriétaire se trouve, de ce fait, dans l'impossibilité de rembourser le possesseur. Comment se réglera la situation ?

L'ancien Droit admettait que dans cette hypothèse, le juge avait le droit de transformer la dette de capital en une rente que devait servir le propriétaire au possesseur, et dont les arrérages correspondaient aux intérêts du capital réclamé par le possesseur (1).

Il faut décider, selon nous, que le juge n'aurait plus aujourd'hui un semblable pouvoir.

Le possesseur serait donc en droit, pour se faire rembourser, de saisir même l'immeuble qui fait l'objet de la contestation pour le faire vendre et se payer sur le prix. Le juge pourrait simplement, eu égard aux circonstances, se souvenir de la disposition de l'article 1244 qui l'autorise à accorder des délais au débiteur.

303. Tout autre est la question de savoir si le possesseur peut user du droit de rétention jusqu'à son paiement par le propriétaire. Il ne s'agit plus ici, en effet, de la dette elle-même, mais d'une sûreté affectée à la garantie de cette dette.

Cette question a donné lieu à une controverse importante, qu'il nous faut rappeler à grands traits.

1. Pothier, *Propriété*, n° 347.

Il est incontestable que la tradition est en faveur de l'affirmative. Le Droit romain, en effet, accordait la rétention au possesseur ; il était même de droit commun, dans le dernier état de cette législation, que le droit de rétention était accordé à toute personne nantie de la chose d'une autre personne dont elle était créancière.

L'article 97 de l'Ordonnance de Villers-Cotterets (1539), l'article 52 de celle de Moulins (1666), enfin l'article 9 du titre 27 de l'Ordonnance de 1667 consacrent formellement le droit de rétention en faveur du possesseur. Nos anciens auteurs en confirment d'ailleurs l'existence (1). Il est vrai que les Ordonnances précitées obligeaient le juge à impartir un délai au possesseur pour la liquidation de ses impenses, de manière que le tiers ne profitât pas de la situation pour conserver l'immeuble au détriment du propriétaire.

Aujourd'hui encore, un parti important dans la doctrine, et la jurisprudence, soutiennent que le possesseur, au moins le possesseur de bonne foi, a droit à la rétention jusqu'à son remboursement (2).

1. Loyseau, du déguerpissement, VI, chap. VIII ; Pothier, *Propriété*, n° 344, 345, 357.

2. Toullier, III, n° 130 ; Duranton, IV, n° 382 ; Troplong, Priv et Hypoth. I, n° 260 ; Demolombe, n° 681 ; Marcadé, sur l'article, 555, n° 430.

La jurisprudence n'admet le droit de retention qu'en faveur du possesseur qui est de bonne foi. Rennes, 8 fév. 1841, Sir. 41, 2, 453 ; Montpellier, 25 nov. 1852, Sir. 53, 2, 191 ; Bastia, 9 juillet 1856, Sir. 56, 2, 404 ; Rouen, 18 déc. 1856, Sir. 57, 2, 558 ; Grenoble, 10 juillet 1860, Sir. 61, 2. 21 ; V. cepend. *contrà* : Rennes, 3 juillet 1850 ; Sir. 59, 2, 170.

304. Voici comment raisonnent les partisans de l'affirmative. La loi accorde le droit de rétention dans certaines hypothèses que le législateur a déterminées dans des textes spéciaux. Mais rien ne s'oppose à ce que ce droit soit étendu par analogie à des hypothèses semblables à celles que prévoit la loi. Ce sont là des applications particulières d'une théorie générale, que le législateur n'a sans doute formulée nulle part, mais qui existait évidemment dans sa pensée et que l'interprète doit reconstruire avec les matériaux que lui fournit la loi elle-même.

Le malheur est, pour les partisans de ce système, qu'ils sont loin de s'entendre sur cette prétendue théorie générale du droit de rétention. D'après les uns, en effet, il suffirait pour que le droit de rétention fut accordé qu'il y eût *debitum cum re junctum*, c'est-à-dire une relation de connexité entre la chose retenue et la créance de celui qui retient. D'autres, comme M. Demolombe, exigent en outre une réciprocité des deux obligations, et une acceptation expresse ou tacite de la situation par les deux parties. Ce qui fait que cet auteur ne reconnaît au possesseur qu'un droit de rétention imparfait, c'est-à-dire limité par un pouvoir discrétionnaire du juge d'ordonner le délaissement de l'immeuble, en tenant compte, suivant les circonstances de la bonne ou de la mauvaise foi du possesseur, ou des sûretés que le propriétaire pourrait fournir.

Certains limitant le droit de rétention au seul possesseur de bonne foi, en excluant la mauvaise foi, alors qu'on ne voit pas clairement pourquoi les motifs invoqués en faveur du premier ne s'appliqueraient pas au second.

Enfin, MM. Aubry et Rau, tout en repoussant l'extension de la rétention au possesseur en principe, autorisent néanmoins le juge à l'accorder, suivant les circonstances, en s'appuyant sur la disposition de l'article 1134, qui déclare que les conventions doivent être exécutées de bonne foi (1).

On s'appuie enfin sur l'équité et sur le droit naturel.

305. Nous discernons assez mal, tout d'abord, ce que viennent faire ici ces deux derniers éléments. Le droit naturel n'est toujours, à notre sens qu'un pis aller dont l'interprète doit se défier par dessus tout. Sans doute il est équitable que le créancier soit payé par son débiteur ; mais si le droit de rétention, qui est en somme un reste du vieux droit de la force, se comprend dans une législation qui ne donne pas des garanties suffisantes au créancier pour qu'il soit assuré d'obtenir son paiement, il ne se comprend plus guère par contre dans nos lois qui elles, fournissent en l'espèce au possesseur des moyens efficaces de rentrer dans ses dépenses. C'est ainsi qu'à la suite du jugement intervenu il pourra prendre une inscription hypothécaire sur tous les immeubles du demandeur.

1. Aubry et Rau, II, § 219, p. 397 ; III, § 256 *bis*, p. 117-8, notes 13, et 18.

De cette première idée, découle naturellement, ce nous semble, la notion que le droit de rétention n'est pas le droit commun dans nos lois. C'est dire que les hypothèses où la loi l'accorde sont des cas particuliers qui sont de véritables exceptions aux principes généraux de notre droit. Le droit commun c'est que le propriétaire soit mis en possession de la chose qui lui appartient. Pour le possesseur, notamment, la disposition de l'article 2280 ne démontre-t-elle pas cette vérité jusqu'à l'évidence ? En décidant en effet que pour les choses mobilières le possesseur aurait un droit de rétention sur la chose volée ou perdue tant que le propriétaire ne lui en aurait pas remboursé le prix d'achat, le législateur n'a-t-il pas voulu consacrer la rétention dans cette hypothèse spéciale, à l'exclusion de toutes les autres hypothèses où le même conflit s'élève entre le possesseur et le propriétaire, et particulièrement lorsqu'il s'agit d'immeubles ?

306 D'ailleurs si le droit de rétention s'explique soit par le fait que le défendeur est en même temps propriétaire de la chose sur laquelle les impenses ont été faites, comme dans les articles 867 et 1673, soit par le fait qu'il existe entre les parties un lien d'obligation comme dans les articles 1612, 1749 et 1948, et même à l'occasion du dépôt, par des considérations tirées de la nature même de ce dernier contrat, il n'en est pas de même par contre lorsqu'il s'agit du possesseur.

Ce dernier, en effet, n'est pas propriétaire, et d'autre part, aucun lien d'obligation antérieur ne le lie au propriétaire qui revendique.

Il est donc imprudent, pour ne pas dire plus, d'étendre la prétendue théorie générale que l'on veut voir dans la loi, au cas du possesseur, puisqu'aucune des idées qui ont amené le législateur à accorder la rétention dans d'autres hypothèses, ne se retrouve dans celle qui nous occupe.

307. Enfin, le droit de rétention constitue une cause de préférence. En effet, grâce à lui, le créancier qui en est investi sera payé par préférence à tous autres. Si c'est le débiteur qui veut ravoir sa chose, le possesseur lui opposera évidemment son droit. Si ce sont les autres créanciers du débiteur qui veulent saisir la chose pour se payer sur le prix, ils seront obligés de souffrir sur le prix de l'adjudication la déduction de la créance du rétenteur, qui sans cela ne se dessaisira pas de la chose. Sans doute, le rétenteur, n'a pas un véritable privilège en ce sens qu'il ne peut réaliser son gage ; mais s'il est patient, il arrivera au même résultat, lorsque soit le débiteur, soit les créanciers de celui-ci voudront avoir la chose. Il est vrai que certains auteurs soutiennent que le droit de rétention est simplement personnel, et que, par suite, il ne produit d'effets qu'entre le créancier et le débiteur.

Quoi qu'il en soit de cette divergence, il est certain que le droit de rétention produit, au moins indirectement, une cause de préférence. Or le droit commun c'est que tous les créanciers sont mis sur la même ligne, à moins d'une disposition particulière de la loi. Les privilèges sont de droit étroit, autrement dit, et le possesseur ne peut en obtenir un dans le silence des textes à son égard (1).

C'est en nous basant sur ces motifs, qui nous semblent conformes aux dispositions de la loi, que nous refusons au possesseur le droit de rétention jusqu'à son remboursement par le propriétaire.

Quant à la théorie bâtarde de MM. Aubry et Rau, qui refuse en principe au possesseur la rétention tout en permettant au juge de lui accorder ce droit dans certaines circonstances où la bonne foi, qui doit régner dans les contrats, le réclame, nous la repoussons également, parce qu'elle nous paraît marquée au coin de l'arbitraire le plus évident. C'est à notre avis donner un sens trop extensif à la disposition de l'article 1134, qui signifie simplement que les conventions doivent être exécutées conformément à l'intention des parties et au but qu'elles se sont proposé en contractant (2).

Appendice au chapitre IV.

308. Le véritable propriétaire est devenu l'héri-

1. Laurent, IV, 181 ; XXIX, 298.
2. Cassat. 31 janvier 1887, Sir. 87, 1, 420,

tier de l'auteur du possesseur ; ou bien le vendeur a hérité du véritable propriétaire. Il est évident que, dans ces deux hypothèses, le possesseur pourra opposer à la revendication l'exception de garantie. C'est donc encore un moyen de défense mis à la disposition du possesseur. Mais que faut-il décider si le propriétaire n'a accepté la succession que sous bénéfice d'inventaire ? Nous estimons, que dans ce cas, l'éviction pourrait se produire, et cela en nous appuyant sur les principes généraux qui gouvernent la situation faite par la loi à l'héritier bénéficiaire (1). La garantie devient en effet, dans ce cas, une dette la succession plutôt qu'elle n'est une dette de l'héritier.

Nous n'insistons pas davantage sur cette question qui ne présente d'ailleurs que des rapports assez éloignés avec notre sujet.

309. Nous terminons ici l'étude que nous avons entreprise des avantages attribués à la bonne foi par le législateur relativement aux biens.

De théories en théories, de controverses en controverses, nous nous sommes efforcés constamment de donner une idée précise et exacte de toutes les situations juridiques qui se présentent dans cette matière.

Avons-nous réussi à définir et à étudier d'une façon complète le sujet ? Nous ne nous permettons

---

1. V. en ce sens. Aubry et Rau, t. VI, § 618, p. 446, et les auteurs cités par eux.

pas de le croire, et nous avons le regret d'avoir eu conscience plus d'une fois, au cours de notre travail, de notre inexpérience.

Quoiqu'il en soit, nous estimons qu'il est utile que nous résumions en quelques lignes les solutions que nous avons été amené à adopter.

Le phénomène qui se produit dans tout travail juridique s'est produit aussi pour nous : nous voulons parler ici de la tendance qui emporte souvent l'interprète à faire œuvre législative. Nous nous sommes efforcés, on a pu s'en convaincre, de résister à ce penchant, pour rester constamment dans le rôle modeste que nous nous étions assigné. A plusieurs reprises, en effet, nous avons rejeté certaines théories parce qu'elles ne nous paraissaient pas pouvoir être basées d'une façon assez certaine sur les textes de la loi.

310. Deux idées ont dominé toute notre étude. D'une part, nous voulions accorder à la bonne foi les avantages les plus grands ; et c'est ainsi que nous avons été amenés à décider, par exemple, que le possesseur de bonne foi avait droit aux produits qui présentent un caractère de revenus réguliers, que l'usucapion de dix et vingt ans s'appliquait d'une façon entière à la libération du fonds, même en ce qui concerne les servitudes.

Mais nous ne pouvions, par contre, aller à l'encontre du texte ou de l'esprit de la loi, dans cet ordre d'idées. C'est ainsi que nous avons été amenés à rejeter la théorie qui admet l'existence de la Publicienne, ou celle qui donne au possesseur un droit de rétention pour le remboursement de ses impenses.

La bonne foi nous a donc paru mériter les faveurs les plus étendues, en tant que ces faveurs ne lui étaient pas formellement retirées par la loi.

311. Mais d'autre part, la bonne foi que nous avons voulu favoriser, nous l'avons exigée pleine et entière. Il ne faut pas qu'il y ait qu'équivoque. Le propriétaire de la chose a bien aussi quelque droit à la bienveillance du législateur. Sans doute, le plus souvent, il aura été négligent. Mais ce n'est pas une raison suffisante pour que la loi, sous prétexte de protéger la bonne foi, sanctionne de véritables usurpations, nous allions dire un véritable dol.

C'est en partant de cette idée que nous nous sommes refusés à adopter la théorie de la bonne foi relative, et que nous avons exigé même pour l'acquisition des fruits au titre réel d'acquisition.

Enfin, dans le conflit qui s'est élevé à plusieurs reprises entre un intérêt particulier et un intérêt social, comme lorsqu'il s'est agi d'apprécier la disposition de la loi relative au moment où la bonne foi est exigée en matière de prescription, nous avons toujours préféré, lorsque de saines raisons économiques militaient en faveur de cette solution, le second de ses intérêts.

312. Dans quelques controverses, telles que celles qui s'élèvent sur l'interprétation comparée des articles 550 et 2265, sur celle de l'article 2267, ou encore relativement à l'assimilation du possesseur au propriétaire plutôt qu'à l'usufruitier, nous n'ignorons pas que nous avons soutenu des théories qui s'éloignent de celles que préconisent les auteurs les plus éminents. On nous pardonnera, nous l'espérons, notre audace, en songeant qu'elle nous a été inspiré toujours par la conviction la plus sincère.

313. On remarquera enfin combien la matière de la bonne foi est l'objet de discussions et de controverses nombreuses. Dès les principes mêmes les auteurs sont en désaccord; et c'est fort heureux quand la jurisprudence, comme cela se passe pour la Publicienne, par exemple, n'intervient pas, en tiers, dans le débat, avec un système fait tout entier de solutions pratiques.

C'est à ce point de vue que nous nous plaçons maintenant pour réclamer du législateur quelques réformes qui nous semblent nécessaires.

Entre les deux intérêts opposés qui se trouvent toujours en présence lorsqu'il s'agit de bonne foi, nous avons, croyons-nous, adopté une méthode aussi équitable que sûre, en exigeant, d'une part, une bonne foi entière et complète, et, d'autre part, en faisant produire à cette bonne foi, exempte de toute équivoque, les effets les plus étendus.

C'est en s'appuyant sur de semblables bases que nous voudrions voir trancher législativement certaines controverses que nous avons signalées au cours de notre étude. Pourquoi, par exemple, ne pas délimiter de la façon la plus précise les effets de la prescription de dix à vingt ans relativement à l'acquisition ou à l'extinction des droits réels? Pourquoi ne pas trancher dans un sens ou dans l'autre la question de l'existence ou de la non-existence du droit de rétention au profit du possesseur? Pourquoi, en un mot, laisser se perpétuer sur ce point, et sur beaucoup d'autres que nous avons signalés, une incertitude fort préjudiciable, croyons-nous, à la sécurité des transactions.

Si le rôle de l'interprète ne doit pas être confondu avec celui du législateur, il peut néanmoins préparer la voie à ce dernier et lui montrer dans quel sens il devra diriger son œuvre.

Sans sortir du rôle modeste qui nous convient seul ici, qu'on nous laisse espérer du moins que notre travail n'aura pas été tout à fait inutile à ce dernier point de vue.

TABLE ANALYTIQUE DES MATIÈRES

PREMIÈRE PARTIE

Essai d'une théorie générale de la bonne foi légale relativement aux biens.

CHAPITRE PREMIER

NOTIONS HISTORIQUES. — DÉFINITION DE LA BONNE FOI. — SES ÉLÉMENTS CONSTITUTIFS

Wertheimer   20

CHAPITRE II

CHAPITRE III

DEUXIÈME PARTIE

Des principaux effets de la bonne foi.

CHAPITRE PREMIER

DE L'ACQUISITION DES FRUITS PAR LE POSSESSEUR DE BONNE FOI

CHAPITRE II

Du constructeur de bonne foi. — Des personnes qui peuvent invoquer les dispositions de l'article 555. — A quels travaux s'applique ce texte. — Des droits du tiers constructeur de bonne foi.

CHAPITRE III

DE LA PRESCRIPTION DE DIX A VINGT ANS

CHAPITRE IV

DES MOYENS DE PROTECTION QUE LE LÉGISLATEUR ACCORDE AU POSSESSEUR EN CONSIDÉRATION DE SA BONNE FOI..

Vu par le président,
ANDRÉ WEISS.

Vu par l'assesseur,
GÉRARDIN.

Vu et permis d'imprimer :
Le vice-recteur de l'Académie de Paris,
GRÉARD.